I0821083

SE
REGALAN
DUDAS

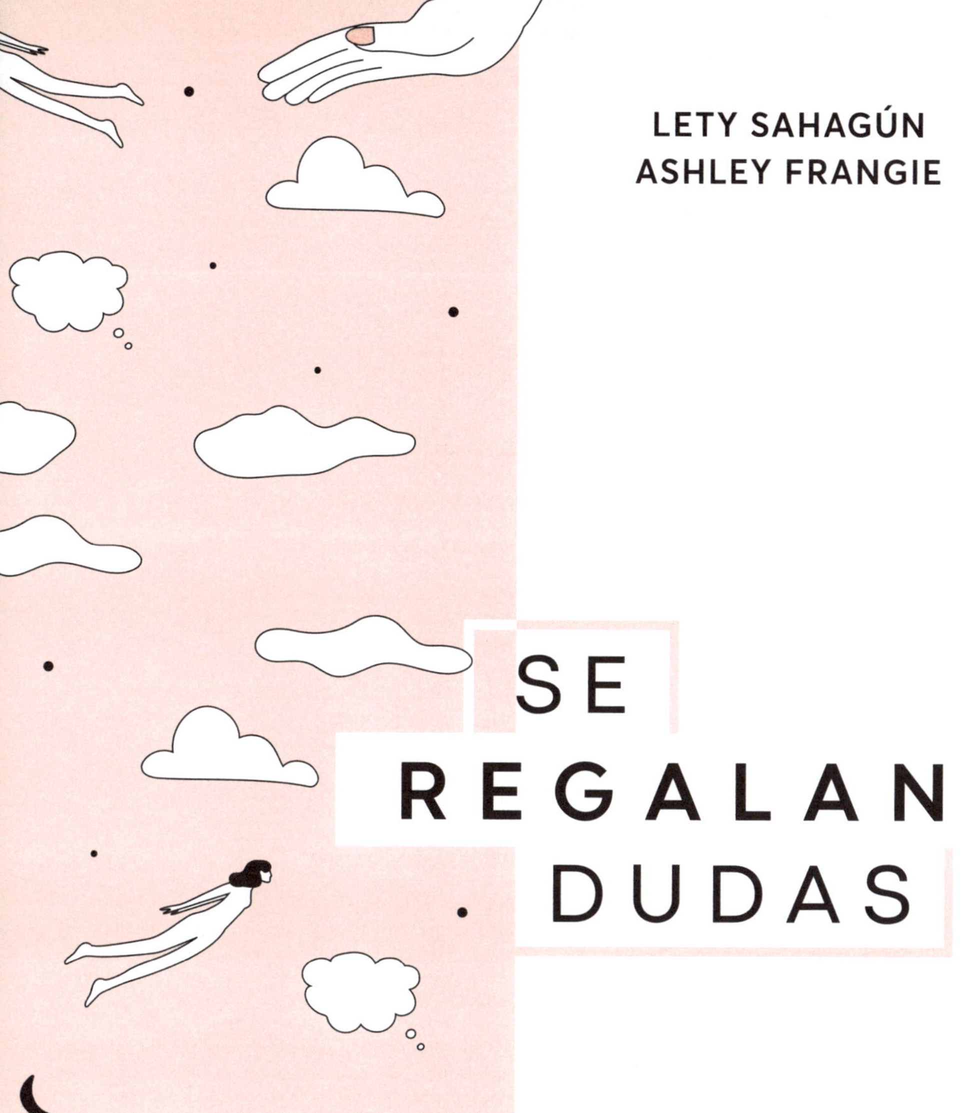

LETY SAHAGÚN
ASHLEY FRANGIE

SE REGALAN DUDAS

Grijalbo

El papel utilizado para la impresión de este libro ha sido fabricado a partir de madera procedente de bosques y plantaciones gestionadas con los más altos estándares ambientales, garantizando una explotación de los recursos sostenible con el medio ambiente y beneficiosa para las personas.

Se Regalan Dudas

Primera edición en tapa dura: agosto, 2025

penguinlibros.com

Berenice Ceja Juárez, por el diseño de interiores
Brianda Dávalos Hurtado, por las ilustraciones
Mariana Ramos Moyao, por la selección de respuestas
Dalia Pallares Ramírez, por el diseño de portada

ISBN: 978-607-386-206-6

Impreso en México – *Printed in Mexico*

A nuestras madres por ser mujeres valientes, por traernos al mundo y contestar nuestras primeras dudas. Y a nuestros padres que han sido siempre un puerto seguro mientras encontramos las respuestas.

Índice

Prólogo

¿Qué es lo que hace que Se Regalan Dudas tenga hoy una comunidad de millones de escuchas alrededor de todo el mundo?

Yo conocí a Lety y a Ashley el 17 de octubre de 2019, el día en que grabamos juntos un episodio. Jamás me imaginé, y supongo que ellas tampoco, que la conversación tan íntima que tuvimos los tres ese día, donde hablamos de nuestra vergüenza, de nuestro camino para encontrar el amor propio, de partes de nosotros que juzgábamos incorrectas, de nuestro perfeccionismo y de los estándares que perseguíamos en nuestra vida para ser aceptados, iba a ser la primera de muchas más conversaciones que existirían en el futuro. Casi un mes después de aquel encuentro, me convertí en su *coach* y tuve la oportunidad, por dos meses enteros, de conocer las partes más sagradas, íntimas y profundas de su historia. Y así fue como pude encontrar la respuesta a esta duda.

Desde el día uno que empezamos a trabajar pude ver la seriedad con la que ambas se toman su trabajo interno. Pude ver lo comprometidas que estaban en querer expandir su conciencia y en sanar su historia con la vergüenza que habían experimentado en su vida. No quedaba duda de que tenía frente a mí a dos mujeres con una misión muy especial en esta vida, y que estaban siendo congruentes y consecuentes con la misma. Vi a dos mejores amigas que estaban siempre dispuestas a escucharse con humildad y con compasión, ya que entre ambas abrieron espacios de vulnerabilidad que necesitaron de mucho coraje por parte de cada una. El mundo interno de Ashley es un misterio, así como el mar lo es para ella. Jamás hay que apresurarla. Nunca te va a dar una respuesta hasta que no se haya sentado un rato con la pregunta. El de Lety contiene un espíritu rebelde y romántico que jamás se ha conformado con las normas establecidas. Aunque le duela, jamás la vas a ver quedarse en un lugar que le corte las alas y no le permita volar.

Es verdad que Ash y Lety tienen una «infinita necesidad de cuestionarse todo, todo lo que está a su alrededor». Son sus auténticas dudas, y su deseo por encontrar las respuestas más certeras, las que han hecho que tantos corazones resuenen con ellas y con su hermoso proyecto.

No me sorprende entonces que el libro que estás sosteniendo en tus manos en este momento esté construido con las 18 preguntas que, para ellas, todos deberíamos hacernos. Lety y Ash personalmente leyeron más de 160,000 respuestas en los meses pasados, y eligieron aquellas que nos muestran la diversidad que existe en todos nosotros para explicarnos la vida. Se Regalan Dudas ha dejado al descubierto que sin importar nuestra historia, nuestra identidad de género, religión, edad u orientación sexual, al final del día todos estamos hechos de las mismas dudas. Nos ha dado las claves para entender que no existe una sola respuesta, sino existen múltiples. Está en nuestras manos elegir la que esté más alineada con quien realmente somos.

Gabo Carrillo
Head coach El Método Watson

¿Cómo empieza nuestra historia?

Nos conocimos casi desde que nacimos. Lety llegó unos meses antes a la Tierra y Ashley al principio del siguiente año. Dicen por ahí que existen grupos de almas que viajan por el universo sin separarse tanto, para así poder reencontrarse cuando es momento de bajar a una nueva vida. Estamos seguras de que nuestra historia es algo parecido.

Durante nuestra niñez nos cruzábamos. Nuestros abuelos fueron mejores amigos y nuestras abuelas jugaron canasta juntas hasta que no estuvieron más por aquí. Crecimos viendo el mismo mar, ese desde el que hoy escribimos. Pero no nos reencontramos hasta que éramos unas adolescentes confundidas, y luego jamás nos volvimos a soltar. Quienes nos conocen saben que, a estas alturas, podemos leernos la mente y la mirada. Somos nuestra mejor guía. Hemos ido y venido juntas por la vida. Siempre compartiendo todo: familia, dinero, amigos, espacios, calcetines, risas, comida, llantos, corazones rotos, las ganas de no poder estar quietas y nuestro amor incomprensible por el reguetón. No sabríamos cómo explicarlo, pero es como si nos hubieran repartido habilidades sabiendo que íbamos a estar juntas y entonces una dicta, mientras que la otra escribe; una tiene dislexia y la otra ganó un concurso de ortografía; una llora cuando la otra abraza; una corre, la otra sostiene; una duerme, la otra amanece antes de que salga el sol.

El otro día pensábamos que de algo tenía que haber servido tanta intensidad con la que nacimos, cuestionamos y nos amamos. No es muy común encontrar conexiones así, y en aquel entonces no sabíamos que esto nos llevaría a crear Se Regalan Dudas, un proyecto que empezó como un podcast y que terminó por darle sentido y propósito a nuestras vidas. Jamás imaginamos poder pasar semanas frente a ese mismo mar en el que crecimos, escribiendo durante días, sin cansarnos la una de la otra. A lo que queremos llegar es que cuando empezamos este camino, sólo entonces entendimos por qué habíamos venido juntas a esta tierra.

Lo que más nos ha unido a lo largo de todos estos años, a pesar de ser tan diferentes, son las preguntas. Cuestionamos todo, todo el tiempo. Es una intensa necesidad de querer entender y profundizar en las razones detrás de todo. Durante años, las dudas nos empujaron al silencio y nos aislaron. Creíamos que algo estaba mal con nosotras, que no encajábamos en ningún sistema. No había religión, escuela, familia, amigos, orden político o discurso en el que nos fuera fácil convertirnos en una más del grupo.

Es hasta hoy que nos damos cuenta de que no somos ni seremos las únicas que tenemos el corazón revuelto y la cabeza llena de dudas. Y que al final no es una maldición como algún día nos dijeron, sino que eso es precisamente lo que hoy nos tiene a nosotras escribiendo este libro y a ti, leyéndolo.

Si creemos que lo que pensamos o las cosas por las que pasamos son sólo nuestras, las posibilidades de que nos podamos unir entre nosotros son casi nulas. En algún momento se nos olvidó que cuando nos rompen el corazón a todos nos duele igual, que aprender a dejar ir no es tan fácil como suena, y que al final todos buscamos las mismas cosas con diferente nombre. Y que justo en esas diferencias de cómo vivimos, cómo pensamos y cómo observamos lo que sucede a nuestro alrededor está la belleza de la vida.

La intención de este libro no es otra más que ésta: regalarte todas estas dudas, que aprendas a dormir y a estar con ellas, que las escuches y las acompañes. Que comiences a vivir cuestionándolo todo: quién eres, de dónde vienes y a dónde vas, cómo te relacionas, cómo lo puedes hacer diferente, qué se queda y qué se va, cuánto pesa vivir en el pasado y cuánta carga le ponemos al futuro, dónde aprendiste todo eso en lo que ahora crees.

Cada respuesta en este libro es el principio del universo de las personas que contribuyeron a su elaboración; es la verdad que cada ser habita y sostiene. Nuestra intención es que tú puedas ver cómo todos viven el mundo desde su historia, y no por eso vale más o menos que la tuya. Buscamos que aquí encuentres inspiración, empatía, conexión y sobre todo una manera distinta de entender la vida, mientras le rendimos un tributo a la posibilidad que se esconde detrás de cada duda.

Escribimos todo esto mientras nosotras mismas tratamos de descifrar quiénes somos y qué hacemos aquí. Han sido días revueltos, de desnudarnos para encontrar nuevas respuestas a tantas preguntas, porque creemos que solamente a través de ellas surge un cambio y el cambio es lo único que mueve a la humanidad. Gracias por atreverte a dudar.

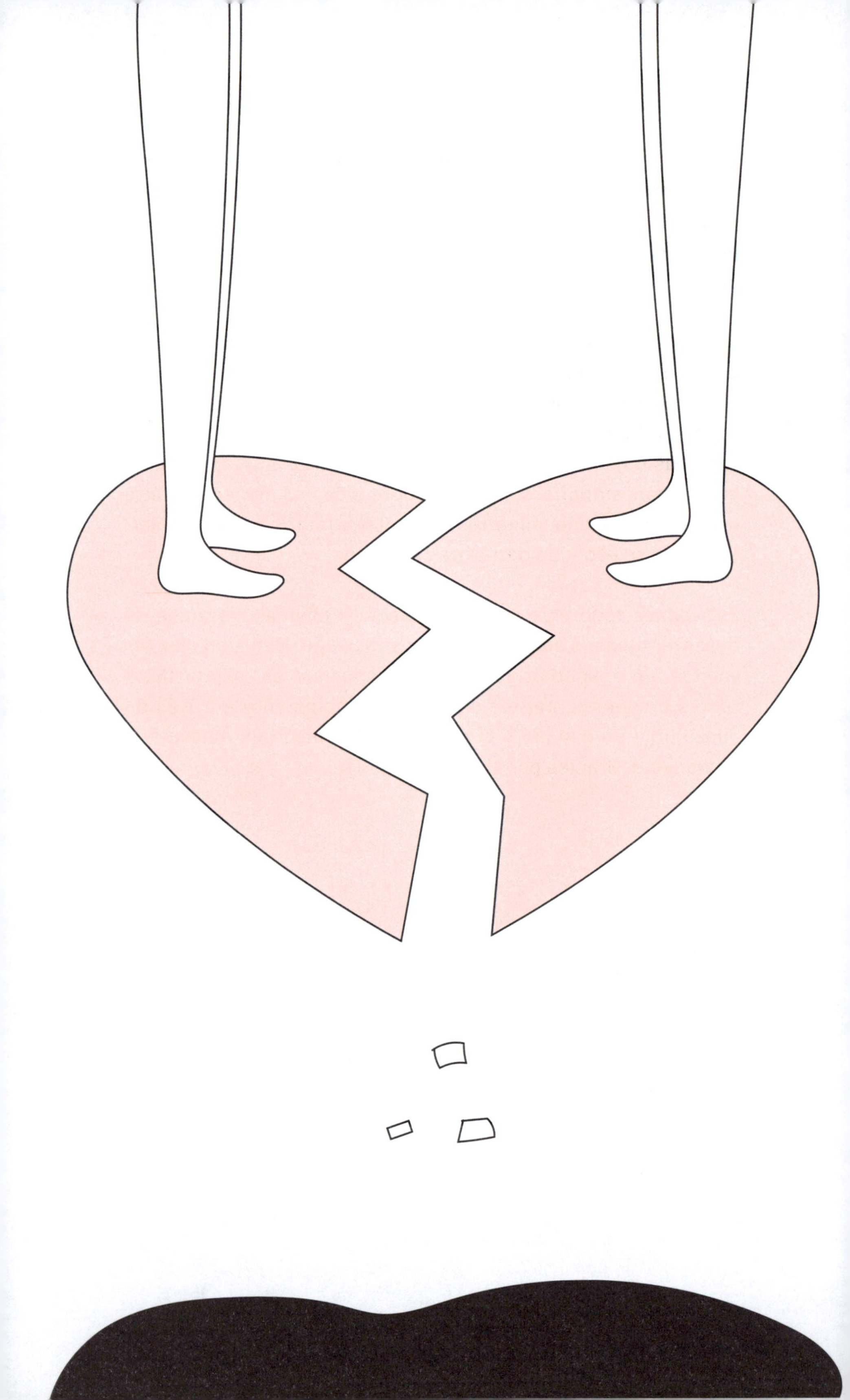

¿Qué mata al amor?

¿Has mendigado amor? ¿Dejaste que las expectativas mataran al amor? ¿Qué dejaste de decir? ¿Qué aprendiste del amor que no funcionó? ¿Qué silencios te costaron caros? ¿Te has perdido en alguien más? ¿Basaste tu valor en lo que otra persona era capaz de darte? ¿Qué pediste que no podías dar? ¿Dejaste que el miedo ganara la batalla? ¿Te quedaste cuando sabías que era momento de irte? ¿Insististe sabiendo que ya no había nada por rescatar? ¿Permitiste que alguien cruzara tus límites? ¿Te convertiste en una versión diferente de ti? ¿Callaste? ¿Hablaste desde el corazón? ¿Amaste a alguien más de lo que te amas a ti mismo?

• ¿Fuiste por todo o te protegiste? • ¿Qué aprendiste de la relación que no funcionó? • ¿Lograste perdonar? • ¿Pediste perdón? • ¿Qué cosas hiciste creyendo que alguien iba a aguantar todo? • ¿Tiraste la toalla antes de tiempo? • ¿Te enamoraste del potencial en lugar de ver lo que en realidad estaba frente a ti? • ¿Preferiste lastimar antes de que te lastimaran? • ¿Guardaste secretos? • ¿Qué cargas le pusiste a la relación? • ¿Te hiciste responsable de tu parte? • ¿Amaste todo lo que había enfrente o querías cambiar lo que veías? • ¿Buscabas rescatar o que te rescataran? • ¿Fuiste capaz de comprometerte con la relación? • ¿El amor lo puede todo? •

LETY:

Al amor lo matan las historias que nos contamos sobre él. Se asfixia con las expectativas que le colgamos. Se debilita con todas esas cosas no atendidas de nuestra propia historia que depositamos en la persona de enfrente, para que, con suerte, nos lea las heridas y se haga cargo de lo que no hemos tenido el valor de hacer.

Al amor lo matan las estructuras y nuestros intentos por meterlo en un calendario. Creer que tiene que verse y ser de una forma específica. Lo sofoca la falta de libertad y las ideas que tenemos en la cabeza, aprendidas casi siempre en otro lado. Se va muriendo las veces que no lo dejamos expresarse y convertirse en lo que quiera ser, cada momento en que pretendemos controlarlo. Lo matan las etiquetas y las veces que nos consideramos dueños de él. Cuando en su nombre celamos y creemos poseer a otra persona. Se muere de a poco cuando lo creemos eterno, cuando se nos olvida que es una elección de todos los días.

Al amor lo matan las asignaturas pendientes, los amores pasados que dolieron y seguimos arrastrando a otras relaciones, los recuerdos y los *hubiera* que no logramos poner en paz. Las barreras que construimos sobre los escombros y que muchas veces no dejan entrar a nadie. Lo mata la falta de honestidad, primero con uno mismo y luego con la persona que tenemos enfrente. Todas las veces que imaginamos un potencial en lugar de ver lo que en realidad es.

Se va desvaneciendo cuando elegimos el silencio y el orgullo por encima de lo que se atora en la garganta. Se pierde cuando queremos vivirlo desde la cabeza y nos contamos todas las razones por las que sí y por las que no. El corazón ya sabe quién o qué lo hace vibrar, somos nosotros los que hacemos caso omiso. Los que olvidamos que cada vez que dejamos de escucharnos un pedacito de nuestra alma se va apagando.

El amor muere cuando en su nombre nos perdemos a nosotros mismos. Cuando permitimos que alguien nos pase por encima y nos hacemos chiquitos de a poco para encajar en el espacio que queda. El amor se muere cuando queremos definirlo o entenderlo.

Por el contrario, el amor respira cuando lo dejamos crecer libremente. Cuando hay suficiente oxígeno para que las dos partes decidan libremente irse a otro lado y aun así se elijan. Cuando somos capaces de soltar esos cuentos de película. Cuando dejamos que el amor sea lo que tenga que ser ese día y abrimos los brazos a la posibilidad de que mañana podría ser algo distinto.

Pero ¿sabes qué es lo más bonito del amor?, que quizás no muere por completo. Cambia y se siente diferente, pero no empieza ni termina, no llega ni se busca, ni se va. Otras personas vienen a reflejarlo, pero el amor vive en ti.

ASHLEY:

Creo que si supiéramos la respuesta a esto estaríamos todavía con aquel primer amor de nuestras vidas. Creo que no hemos podido entender que el amor a veces se acaba, así sin más. Aunque a lo mejor no muere, sino que sale por la ventana sin intención alguna de volver. Estoy convencida de que uno de los sufrimientos humanos más grandes es causado por la idea de que termine algo que nos trajo tanta vida. No logramos comprender sin que se nos salga el corazón del cuerpo que el amor como llega, a veces se va. Sin mucho aviso, sin mucho que podamos hacer.

Creo que existen amores de todo tipo. Existen amores que no se destruyen, no se mueven, no se van. Esos que pasan el tiempo, la distancia, las corrientes de la vida y son tan sólidos como el primer día. Estos son los amores que viven dentro de nosotros, que completan nuestra existencia y dan sentido a nuestra vida misma. Pero también existen amores un poco más intensos y más cortos. Amores que vinieron a sacarnos de algún lado, a mostrarnos algo, y ya. Ésa fue su misión. Amores que confundimos con alguien más, amores de fin de semana. Amores que duelen tanto que no podemos tener cerca. Amores que nos curan de otros amores, amores que vinieron por unos besos. Amores que olvidamos aunque antes no pudiéramos vivir sin ellos. Amores ausentes, amores que tenemos enfrente toda la vida y no reconocemos. Amores que preferimos dejar ir, y vivir con la nostalgia de que en algún universo paralelo estamos juntos. Amores de todo tipo, en todos lados y casi siempre a toda hora.

Cuando el amor se va nos deja con la idea de que murió. Para que se vaya basta con creer que éste lo puede todo y que es para siempre. Basta con pensar que el amor es algo que se da por añadidura, sin entender todas las partículas, átomos, tiempos y constelaciones que tuvieron que ponerse de acuerdo para que tú y alguien más, en algún determinado momento, se amaran. Poder amar y amar bien requiere de tantos factores y a la vez de ninguno que sea importante. Porque cuando uno ama, todo cobra sentido. La distancia siempre es corta, y el tiempo puede doblarse. Darlo por sentado, creer que siempre está: lo mata, lo reduce a un sentimiento y no a un sentido de vida.

Pero a lo que quiero llegar es que no creo que el amor muera. Creo que el amor tiene temporalidad, tiene misiones, tareas que cumplir y luego... tiene que irse. Tiene que irse a andar a otros corazones, a otras camas. Entonces en sí el amor no muere, el amor anda libre por la vida corriendo de un lugar a otro aunque quisiéramos amarrarlo a la pata de la cama. En temporadas viene a visitarnos, en otras lo tenemos que buscar adentro. Pero el amor siempre está, y siempre vuelve.

■ ■ ■

Isabel Allende

| 76 años | escritora |

«Supongo que el amor muere por diferentes razones, según la persona. Para mí, que he vivido tan largo y tengo tres matrimonios, el amor muere por descuido, como las plantas. ¿Cómo nos descuidamos? Con las rutinas, el tedio de cada día, las épocas grises por las que todos pasamos, el trabajo al cual le damos prioridad y tantas otras preocupaciones y distracciones. También descuidamos el amor por impaciencia y deslealtad. Mi primer matrimonio duró 29 años y el segundo 28. En ambos casos cuidé mucho la relación por 20 años y los otros fueron de esfuerzo para remendar lo que ya estaba roto. No me cuesta nada enamorarme y casarme, pero me cuesta mucho separarme y divorciarme. Cada matrimonio fue una tremenda inversión de amor y me tomó años aceptar que había terminado y no podía salvarlo. Me casé hace poco (a los 76 años) y seguramente no alcanzaré a vivir esos 20 años mágicos de amor fresco; no tendré tiempo de matar el amor ni de dejarlo morir por inanición».

■ ■ ■

«La distancia en la cercanía».

Itziar Flores Acuña | *30 años* | *diseñadora*

«Al amor lo matan nuestros demonios internos, nuestros traumas, nuestros miedos e inseguridades, que se traducen en celos, posesión, dependencia y apegos. Lo mata la carencia de comunicación, que es la única herramienta de entendimiento entre una pareja».

Karina PG

«Darlo por sentado».

Mariela Palma | *24 años* | *coordinadora editorial*

«Al amor lo matamos cuando dejamos de estar presentes. Lo mata la decepción, los celos y la desconfianza».

Estéfani G | *27 años* | *educadora*

«Hacer de esa persona tu única fuente de felicidad».

Luna

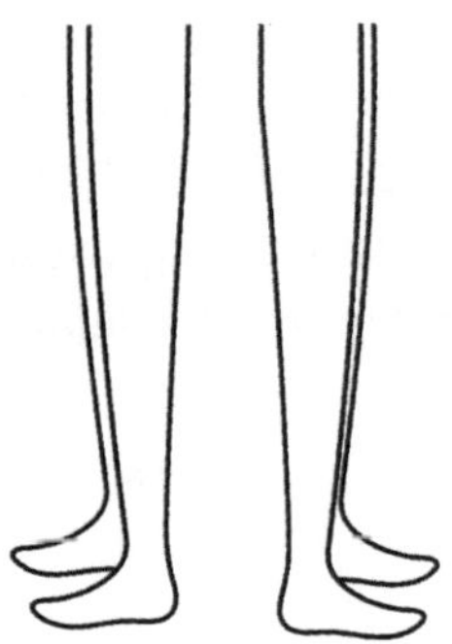

«La separación de caminos».

E. Ortiz | *27 años* | *ingeniera*

«El amor se muere de a poco cuando dejas de compartir intereses, metas, cuando dejas de admirar a tu pareja y ambos empiezan a caminar en direcciones opuestas».

Celia Cazarez | *30 años* | *abogada*

«El amor en sí no muere... muere todo lo que lo sostenía: respeto, entrega, empatía, lealtad, compromiso y fidelidad».

Anónimo

«El amor muere cuando se deja de decidir. El amor es una decisión constante. El amor no fluye nada más por obra de magia, sino que todos los días tienes que decidir amar y hacer feliz a la otra persona. Porque al principio lo sientes todo tan "mágico" y es tan fácil "amar", pero eso es sólo la fase del enamoramiento. Después de años no despertarás con la misma emoción y las cosquillas en el estómago, y está bien, eso no significa que se acabó el amor. Mientras tú sigas decidiendo que esa persona es con la que quieres compartir tu vida, el amor no se acaba».

Valeria Anduaga | *22 años* | *consultora*

«El amor, por etimología, nunca muere. Si "murió", entonces no era amor».

Jennyfer Bennetts | *20 años* | *estudiante*

«El miedo a sentirlo de verdad».

Anónimo | *29 años* | *psicóloga*

«El querer dejarlo morir. Una simple decisión. Un evento traumático, ya sea una traición o una desilusión».

Anónimo

«El tener un concepto erróneo. El amor es libertad. Estar en una relación o con una persona que no te deja ser no sólo puede matar al amor, también puede matar una parte de ti, como tus sueños, por ejemplo».

Valeria Monge | *28 años* | *técnico en Telemática*

«El silencio en exceso».

Aimée Olvera | *25 años* | *arquitecta*

«Otro amor... No necesariamente tiene que ser una persona, puede ser un sueño, una nueva ciudad o uno mismo».

Mariana Gaxiola | *26 años* | *redactora*

«No creo que algo puntual sea lo que mate al amor, creo que siempre voy a amar a todos los que me acompañaron en mi vida de manera romántica; me enseñaron tantas cosas y me hicieron ver valor en mí donde antes no lo veía. Quizás haya fórmulas de parejas que duran más tiempo que otras; como una buena serie, algunas tienen sólo una temporada y son increíbles, mientras que otras pueden durar diez temporadas y siguen funcionando. Ambas están bien. En un momento la fórmula simplemente no sigue generando lo mismo y ya está».

Lara Pombo

«La falta de confianza y vulnerabilidad. Para vivir el amor con todas las de la ley tienes que confiar en que va a funcionar, tienes que confiar en la otra persona y, sobre todo, perder el miedo a mostrarnos tal y como somos. Lo que mata al amor es la cantidad de fachadas que tratamos de poner para ser merecedores de amor. Quienes somos ya es suficiente».

Daniela Rondón | *30 años* | *Ventas*

«La expectativa en el otro, dar con la consigna de recibir. No sanar tus heridas».

María José Cortés | *27 años* | *maestra*

«Las relaciones, al igual que nosotros, crecen y maduran, y con ello comienzan a desarrollarse nuevas fases y, a su vez, con cada fase una forma distinta de expresar el amor. Antes podía ser una cita a un restaurante bonito y ahora un abrazo en momentos difíciles».

Verenisse Flores | *25 años* | *emprendedora*

«Cuando no es alimentado o no se cuida. El amor está vivo, como un órgano, una planta, un cuerpo de energía. Si no lo alimentas ni lo cuidas dejará de existir».

Anónimo

«En estos momentos estoy enamorada de una persona con quien no puedo estar. En mi caso, nada mata al amor que siento por Victoria, ni la distancia, ni el tiempo que tenemos de no hablarnos, tal vez eso hace que la ame aún más».

Anónimo

«El amor no existe por sí solo. El amor no aparece de la noche a la mañana, ni empaca sus maletas y se va de repente. Cuando estamos "enamorados", lo que en realidad está pasando es que nuestro cerebro está emitiendo señales que nos hacen sentir bien. Imaginando que los humanos hubiéramos evolucionado como especies monógamas, la solución para no dejar de sentir amor por una pareja sería no dejar de sembrarlo; compartiendo ideas, experiencias, siendo transparentes con nuestras formas de pensar y desarrollándonos individualmente para poder contribuir al crecimiento de la relación. La realidad es que somos un pelín más complicados que eso; tenemos miedos, seguimos reglas sociales y somos generalmente más egoístas de lo que creemos. Si partimos de la idea de que constantemente estamos aprendiendo y transformándonos, ¡es absurdo pensar que vamos a ser los mismos en 15 o 30 años! Yo creo que sentir amor por alguien más es el resultado de la participación en uno o varios aspectos de la vida con ese alguien. Sin participación, no pasa nada, ¿no?».

Mauricio de la O | *34 años* | *Berlín*

«La falta de congruencia entre lo que se dice, se siente y se hace».

Pamela Aviney Alva | *21 años* | *estudiante de Medicina*

«El no saber reconocer cuando te equivocas, el no saber pedir una disculpa cuando sabes que lastimaste con tus palabras. Aunque no creo que lo mate, porque el amor siempre está, únicamente aprendes que no puedes estar en donde duele y tomas la decisión de irte».

Gabriela Lemus | *30 años* | *maestra*

«La codependencia, olvidarte de tu esencia por querer entregarle todo al otro por esta errónea idea del amor romántico. El abandono de uno mismo».

Anónimo | *54 años*

«Tratar de ser la mamá/papá de tu pareja».

Tyler Phillips | *27 años* | *editora de fotografía*

«Llevo 10 años casada y otros 4 más juntos. Y contrario a lo que siempre hemos escuchado, la verdad es que la rutina no mata al amor; a veces, incluso lo fortalece. Y si la hacemos "a la medida", con lo que realmente nos gusta a los dos, es delicioso disfrutar la cotidianidad más simple con tu pareja».

Patricia Zermeño | *35 años* | *joyera*

«Al amor lo matamos nosotras mismas al no tener amor propio, pidiendo siempre al otro lo que carecemos y aún así esperamos que el amor funcione».

Anónimo

«La idealización de ese mismo amor».

Paulina G | *23 años* | *estudiante*

«¡Uf! En mi caso el amor murió el día en que la persona a la que amé tanto me lastimó, finalmente, de manera física. Fue como quitarme el corazón y hacerlo pedazos. Irreparable. Ya no podía caber el amor ahí, ya no había más límite que cruzar. Me fui en ese momento sin voltear y sin dudar, pero muy dolida».

Adriana Duarte | *40 años* | *empresaria*

«La indiferencia y no saber descifrar el lenguaje del amor de tu pareja, pues que no te amen como tú amas no significa que no te amen».

Casandra M. | *26 años* | *administradora*

«Creo que si aceptamos la posibilidad de que algo pueda matar al amor, aceptamos la posibilidad de no volver a amar ni a sentirnos amados. Eso nos llevaría a la pérdida radical de un fundamento o de un sentido de vida [...]. Creo que experimentar que el amor muere es poner la propia vida en manos ajenas, es creer que el fundamento o sentido de mi vida no me pertenece a mí o no lo he decidido yo, sino que le pertenece a alguien externo [...]. ¿Realmente lo que se muere es el amor o alguna fantasía que yo tenía que confundí con amor?».

Santiago Morell | *38 años* | *filósofo*

«El amor muere con las expectativas. Cuando el amor te regala la delicia de lo ordinario y tú esperas una escena de película, matas al amor».

Gabriela Soberón | *34 años* | *comunicóloga*

¿Qué mata al amor?

Este libro no está completo sin tu respuesta.

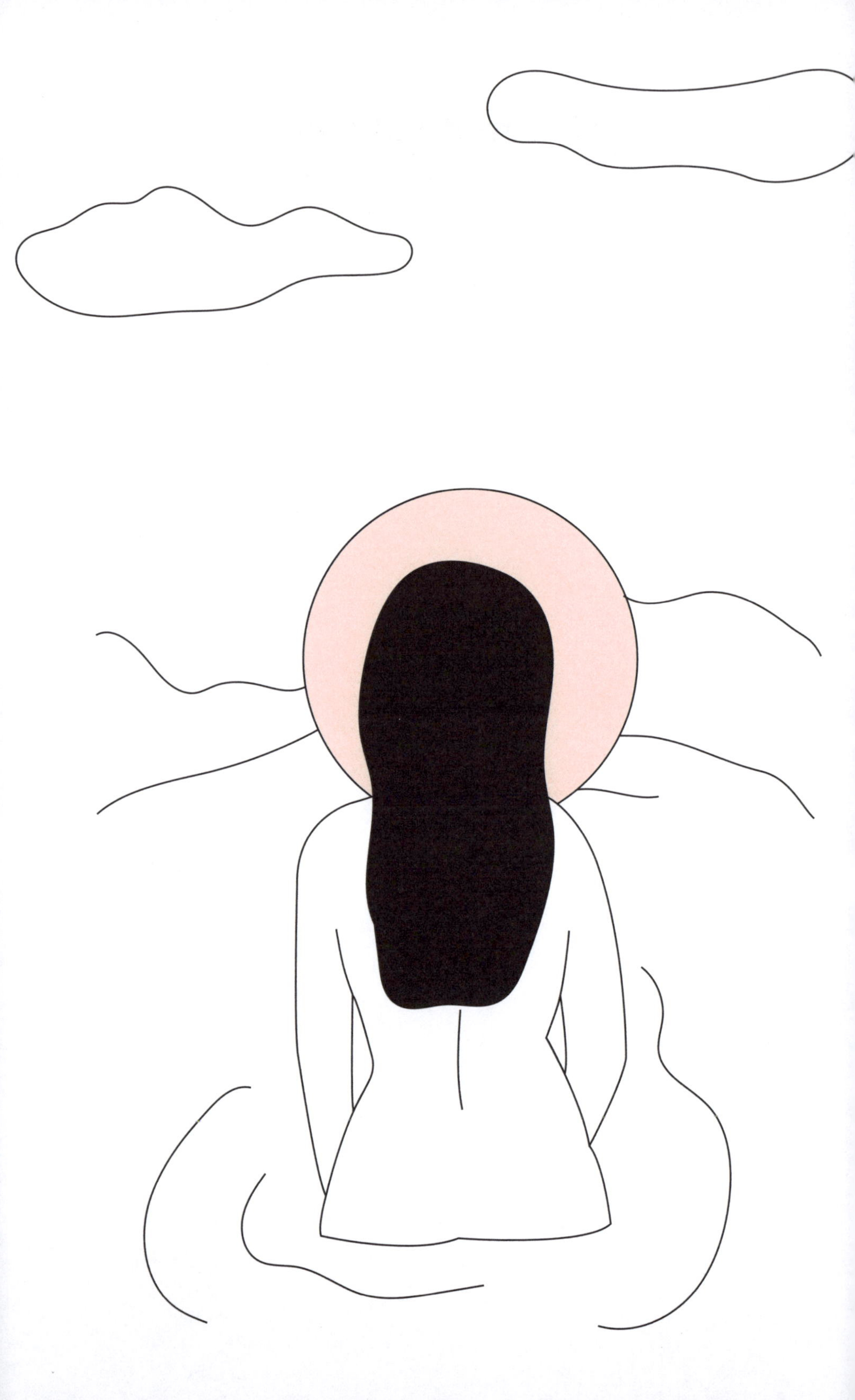

¿Dónde encuentras a Dios?

• ¿Cuál es tu idea de Dios? • ¿Dónde aprendiste quién era? • ¿Qué es? • • ¿Cómo se ve? • ¿Dónde está? • ¿Creó el bien y el mal? • ¿Comete errores? • • ¿Crees en Dios? • ¿Necesitas fe para creer? • ¿Es Él o Ella? • ¿Dónde encuentras la fe? • ¿Por qué a unos les habla Dios y a otros no? • Si existe un solo Dios, ¿qué pasa con las personas que nacen creyendo en otro Dios? • • ¿Por qué le tienen miedo? • ¿Dios une o separa? • ¿Existirá un reencuentro al final? • ¿Qué se ha hecho en nombre de Dios? • ¿Dios es personal? •

• ¿Si Dios caminara entre nosotros, haría diferencias? • ¿Necesito rezar para que me escuche? • ¿Está entre nosotros? • • ¿Qué vamos a hacer si no existe? • • ¿Dios castiga? • ¿Dios impone? • ¿Dios juzga? • ¿Cómo es? • ¿De dónde viene? • • ¿Qué idioma habla? • ¿Quién escribió su historia? • ¿Se necesita una religión para comunicarme con Dios? • ¿Es arquitecto o espectador? • ¿Conoce Dios el final? • • ¿Cuál sería la primera pregunta que le harías? • ¿La idea de Dios es la misma en todas las religiones? • ¿Está en todas partes? • ¿Dios llora? •

ASHLEY:

Mi historia con Dios es complicada. No sé si pueda definirla tan rápido. Si algo he hecho ha sido buscarlo, en donde me dijeron que siempre estaba, en donde me contaron que lo encontraban, pero yo nunca lo encontré ahí. De chica creía que era, entre el salón entero de niñas en una escuela católica, la única que no podía escucharlo. Crecí rodeada de las diosas hindúes de mi madre y los santos árabes de mi padre, y seguí sin encontrarlo, creyendo que había hecho algo antes de nacer que hacía que él no quisiera hablarme.

Si hace unos años me hubieras preguntado dónde encuentro a Dios mi respuesta hubiera sido que en ningún lado. Que él había desaparecido de la faz de la tierra para no volver.

En mis veintes me dediqué a buscarlo, desesperadamente. Fui a la India y lo busqué en los áshrams por allá, y tampoco estaba. Fui a Asia a ver a los monjes, y absolutamente nada. Luego fui con los chamanes con los que crecí y sólo encontré silencio. No entendía nada. Llegué a creer que Dios era sólo una cosa de la imaginación, una excusa para no sentirnos tan chiquitos en un universo que al parecer se expande a diario, y sentí enojo de pensar que, en caso de existir, Dios me había creado y me había dejado aquí. Aquí sola, sintiéndome completamente abandonada por él.

No se me había ocurrido, sino hasta que crecí un poco y anduve vagando sola y dejé de buscar, que Dios estaba por todos lados, en todo. Que Dios es mi silencio, es mi libertad. Dios no es un arquitecto que diseña mi vida, es un verano caluroso en Nueva York. Dios es sentirme en casa sola y confiar en que habrá muchos martes en la tina. Son mis mañanas y mi ahijado. Dios es el Big Bang, y esas veces que se nos eriza la piel. Él está en las iglesias, pero también en mi jardín. Es mi pasado y mi futuro. Pero entre todo Dios es mi presente. Es lo que soy y lo que quiero ser. Dios no se fue a ningún lado. Dios es lo absoluto y es la nada. Dios está en el tiempo, en el espacio. Dios, finalmente, está en el mar.

LETY:

Durante muchos años creí que Dios se veía de una forma y vivía dentro de las cuatro paredes que me llevaban a visitar cada domingo. Seguí todas las reglas que me enseñaron al pie de la letra. Repetí incontables veces las mismas oraciones, intentando sentir algo. Quería hablar con él, escucharlo, pedirle perdón por todo lo que creía que estaba «mal» conmigo. Tenía tantas preguntas, nadie parecía tener las respuestas y pasa que yo nunca he sido buena para callar. Las preguntas salen de mi garganta y una vez que viven en mi cabeza no puedo dejar de verlas, me acompañan desde el desayuno hasta la cena.

Creo que en ese entonces no podía separar la idea de Dios de las creencias y la institución en la que me habían bautizado. Me culpaba y juzgaba como si fuera el pan de cada día, en este ir y venir entre «el bien y el mal». Me fui apagando durante años y no lo sabía; desconectada de mí, de mi intuición y de mi cuerpo. Seguí buscando desesperadamente en libros, a través de sacerdotes, en templos y escuelas. Pensé que Dios era algo separado a mí y no sabía cómo sentirme conectada. Mi despertar espiritual empezó el día que dejé de escuchar a otros y empecé a escucharme a mí.

Encontré respuestas que no me enseñó nadie, pero que por fin me hicieron sentido. Alejarme de iglesias y conceptos de alguien más, me acercó mucho más a Dios. Estudié todas las religiones y empecé a entender las enseñanzas de los grandes maestros de la humanidad, para darme cuenta de que todos ellos vinieron a enseñar amor. El tipo de amor incondicional que no castiga, no amenaza, no culpa, no juzga, no condena, no mata, no señala y no instaura miedo en otro ser humano.

A Dios lo encontré el día que entendí que bien podía ser ella o él, tú o yo. Mientras más intentaba definirlo o explicarlo, más me separaba de todo eso que es, que no se puede poner en palabras. Entendí, sobre todo, que la única manera de encontrarlo era dentro de mí. Dios empieza y termina en cada uno de nosotros y es esa fuerza de unidad de la que todos venimos y a la que todos vamos a regresar. Quizá si lo entendemos así, dejaríamos de hallar cosas que nos dividen y empezaríamos a encontrar todo eso que nos une, ahí está Dios.

...

«Mirando al cielo».

Emilia García | *16 años* | *estudiante*

«Últimamente me he decidido a leer la Biblia y siento que puedo viajar al pasado y que Dios se comunica conmigo y ahí todo cobra sentido. También lo encuentro cuando veo la inmensidad del cielo o cuando aprendo cosas nuevas como el Big Bang, la evolución o el genoma humano, en pocas palabras lo encuentro en la fe, en la naturaleza y en la ciencia».

Bárbara Padilla Padilla | *30 años* | *madre*

«Soy agnóstica, aún no encontré a Dios».

Anónimo | *21 años* | *estudiante*

«Encuentro a Dios en el momento presente, cuando soy capaz de dejar de lado la historia que me cuento acerca de la vida y la experimento en realidad por lo que es. Encuentro a Dios cuando recuerdo que todos somos uno. Encuentro a Dios cuando soy capaz de escuchar a un amigo cuando está hablando y no pienso en lo que voy a decir a continuación. Encuentro a Dios cuando un extraño mantiene la puerta abierta. Encuentro a Dios cuando elijo ver que la bondad está en todas partes. Dios es el momento presente».

Kelle Ramsey | *32 años* | *fotógrafa*

«Para mí es al revés, Ella me encontró a mí. Un día, cansada de tanto, sin sentido, empecé a cuestionar, a meditar, a gritar... y después de todos esos berrinches, ahí quietecita, sentadita de pronto vi que estaba en todo lo que existe. La vida no cambió, sólo cambió mi forma de vivirla».

Luz Elena Martínez Gallardo | *52 años* | *creativa*

«Encuentro a Dios en mi propia creatividad, cuando llega a mí y me siento en llamas, incapaz de detener el flujo de la creatividad a través de mí. Al no ser criada en la religión, me enseñaron cómo encontrar la fuerza en mi propio espíritu y en el espíritu de quienes me rodean».

Augusta Sagnelli | *26 años* | *fotógrafa*

«Para mí Dios es una constante y está en todo aquello de lo que me rodeo. El lugar para vivir y amar su presencia es a través de mi cuerpo, de mi vida, de la naturaleza, de mis seres queridos. Yo no sólo creo en Dios, veo a Dios a cada paso que doy y en todo lo que me rodea. Lo encuentro en los brazos de mi mamá y en la fortuna de compartir días con mi abuela; en las risas con mi papá y los momentos con mi hermana; en mis amigxs y en todas aquellas risas que compartimos. Lo encuentro en aquellxs que me lastimaron y a lxs que lastimé. Dios está en aquella frase que me hizo analizar y comprender mi situación, en aquellas canciones que han ayudado a drenar el dolor. Lo encuentro cuando tengo la fortuna de bailar, cuando subo el volumen de la música y siento cómo mi piel se eriza al escucharla».

Mariana Racotta | *21 años* | *estudiante*

«Lo perdí hace años, ruego por volver a encontrarlo. Lo necesito».

Anónimo | *24 años* | *abogada*

«Para contestar esta pregunta primero tendríamos que definir la palabra Dios. Pero como no la hemos definido, simplemente contestaré que el Budadharma, religión/filosofía no teísta, no conceptualiza o entiende la existencia de un dios externo, creador del universo omnipotente ni omnipresente. La cosmovisión del Budadharma contempla que cada uno de nosotros tenemos el potencial de actualizar un estado despierto; que está libre de aflicciones mentales y libre de condicionamientos. Ese potencial al que llamamos iluminación, es un estado libre de dualidad y conceptos, por lo que no tenemos cómo definirlo sino que poco a poco lo descubriremos y veremos que al final, tampoco habrá un Yo que lo descubra. Por lo tanto no encuentro a Dios en ningún lado porque no lo busco».

Isabel González | *50 años* | *tanatóloga*

«No lo sé. Pero donde me lo encuentre, ¡vaya que le tengo preguntas!».

Andrea Carrera | *28 años* | *abogada*

«No creo necesariamente en un Dios, pero creo en el universo. Creo que la forma en que interactuamos con el universo tendrá una reacción sobre nosotros y que nuestras vidas están predestinadas a enseñarnos ciertas lecciones que nuestras almas deben aprender. Si no aprendes la lección (por así decirlo), luego vuelves a reencarnar en otro cuerpo o forma hasta que hayas realizado el punto de ser».

Tanika Roy | *36 años* | *técnico de Integración*

«En todos lados. Las iglesias o los centros de culto únicamente son un lugar en donde puedes compartir tu religión con otras personas. Pero Dios está en cualquier lugar».

Priscila Aguilar | *25 años* | *analista de Recursos Humanos*

«He aprendido que Dios está en donde tú decidas que quieres que esté. En lo que amas y profesas, en lo que creas, en lo que sientes, en lo que disfrutas, en quienes amas e incluso en quienes no conoces. Está en ti, en todos».

Mariana Castañeda | *24 años* | *licenciada en Turismo*

«Llámalo y tendrás la respuesta».

Raúl Álvarez | *31 años* | *editor de moda*

«Justo hoy fue tema de discusión en mi casa porque practicamos diferentes religiones o ideas acerca de la espiritualidad, pero llegamos a la conclusión de que Dios es energía, está entre todos a cada momento, aunque ¿cómo es eso posible? Yo lo entendí así: porque todo y todos conformamos a Dios, y al final todas las religiones tienen un mismo fin que es ser buenas personas en la práctica del amor, por lo que a Dios lo podemos encontrar en donde haya amor».

Giselle Green | *26 años* | *arquitecta*

«A mi hijo le pregunto: ¿En dónde está Dios? Y él se señala el corazón. Ahí está».

Froylán Zaragoza | *31 años* | *empleado*

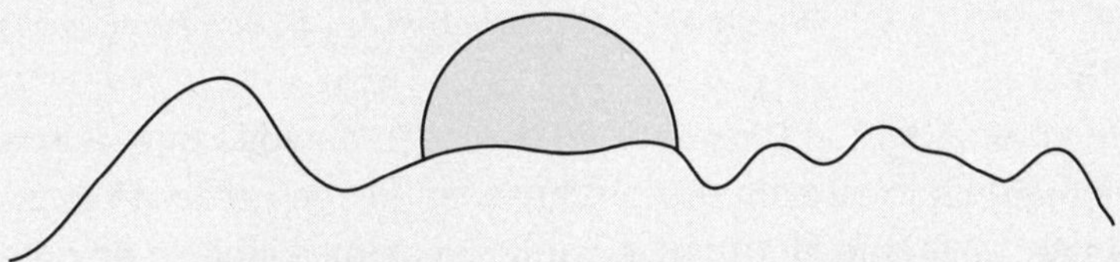

«En los colores del atardecer, en el cielo estrellado,
en la luna gigantesca, en un buen beso, en las mariposas
en el estómago cuando veo al amor de mi vida,
cuando siento los latidos de mi bebé en mi vientre
y cuando bailo y canto con todas mis fuerzas».

Susana Olvera | *maquilladora*

«Dios es el multi-universo del que surgió nuestro cosmos y que finalmente llevó a nuestra creación. Todos somos parte de Dios. Cualquier separación entre Dios y la humanidad es algo creado por los humanos».

Kristhine Hoflack | *29 años* | *empresaria*

«Jesús dijo: "permanezcan en mí, y yo permaneceré en ustedes"; es decir, "sean intencionales en buscarme y me encontrarán". Cuando queremos mantener una relación con alguien, lo buscamos, lo llamamos, le escribimos... De la misma manera, debemos ser intencionales en buscar, orar, meditar y encontrar a Dios en nuestras vidas. Pero hablando desde la experiencia propia, es así como yo le encuentro: siendo intencional en buscarlo».

Daniel Suárez González | *28 años* | *pastor*

«Lo encuentro en la naturaleza, en el orden de las cosas. Creo que el mundo no puede estar tan lleno de matices sin alguien orquestando el equilibrio de la naturaleza y los hechos».

Andrea Jiménez | *21 años* | *actriz*

«En mis rituales frente a la luna».

Rubí Ruiz | *29 años* | *emprendedora*

«En todas las piezas que encajan».

Valeria Beckmann | *22 años* | *estudiante*

«En los ojos de mi papá cuando se le quiebra la voz al decir: "estoy orgulloso de ti", ese apoyo y amor incondicional es un regalo de Dios que restaura mi fe».

Michelle Rendón | *24 años* | *arquitecta*

«¿Acaso se nos perdió? No lo buscas, él vive dentro de nosotros; tiene que ver con una determinación. Es un deseo profundo que tenemos y determinamos, que va a regir nuestras vidas a través de su palabra».

Mayra Sandoval | *30 años* | *estudiante*

«En las personas: trato de siempre recordar que él está presente en los demás, en cada persona que conozco. En mis papás cuando me están apoyando y confían en mí; en mis amigos, quienes siempre me escuchan y están cuando los necesito; en mi pareja cuando perdona el haberme equivocado; en mis hermanos cuando se alegran de mis éxitos, y en todas aquellas personas que llegan a mi vida a enseñarme algo, él está ahí».

Valeria Anduaga | *22 años* | *consultora*

«En la vida misma».

Diana Lizbeth Pérez | *28 años* | *profesional de la salud*

«En el mismo lugar en el que busco amigos imaginarios y unicornios. Yo busco bondad y belleza cada vez que puedo tener un momento de reflexión "espiritual". Lo demás, se lo dejo a mi razón, donde me parece muy difícil encontrar una idea de algo que se parezca a "Dios"».

Salvador Gallo Korkowski | *33 años* | *abogado*

«Dios no se busca, no tiene un lugar definido. No está en un rezo aprendido, ni en una figura de metal forjada. Dios está a nuestro alrededor en forma de pequeñas cosas que enriquecen nuestra vida. Yo no creo en un dios religioso, yo creo que nosotros forjamos nuestro dios al trazar nuestro destino. Yo encuentro mi dios en mí, todos los días y hago que se sienta muy orgulloso de la persona en la que me convierto».

Fernando Palazuelos Zazueta | *32 años* | *ecléctico*

«Curiosamente en mi soledad. Cuando estoy sola y quiero hablar con alguien, siempre siento su presencia como diciéndome: "habla, aquí estoy yo"».

Valeria Gómez Villaseñor | *21 años* | *estudiante*

«Cuando te encuentras tú mismo es allí donde lo encuentras».

Jennifer Arévalo | *21 años* | *asistente personal*

«Dentro de mí, en cada ser vivo. Estamos interconectados, somos dependientes, formamos parte de un todo y ese todo somos todos. Somos lo que los africanos denominan Ubunti. Soy panteísta, entonces creo que Dios está en todos los rincones y que yo formo parte de él».

Clau Salcedo | *35 años* | *consultora*

«Encuentro a Dios en todos lados. Cuando rezo, en el silencio de la meditación, cuando conecto conmigo, cuando estoy en la naturaleza, cuando veo los atardeceres, cuando estoy en gratitud, cuando veo señales, cuando doy o recibo ayuda, cuando vivo cosas inexplicables, cuando perdono, cuando conecto con la gente. Dios reside en nosotros mismos y la mejor manera de encontrarlo es conectando con el amor, cualquier decisión tomada desde el amor, ahí está Dios».

Carlos Eduardo Ochoa Angulo | *29 años* | *amante de la vida*

«Debo de reconocer que no soy muy apegada a alguna religión. La Iglesia y todos los "intermediarios" de Dios hacen que exista cierto rechazo de mi parte hacia las religiones; sin embargo, creo en la existencia de un Dios».

Anónimo | *23 años* | *Gestión Turística*

«Los que encuentran a Dios tienen un bastón para pasarse la vida con consciencia tranquila. Soy agnóstico; sería la gran sorpresa encontrar vida después de esta vida. No lo descarto, mas no creo en ello. El peor enemigo del homo sapiens es el mismo ser humano. Vean lo que ha pasado en la historia: guerras y atrocidades desde hace miles de años. ¿Cómo está el mundo hoy? ¡Véanlo! No hay palabras para describir tanto crimen, guerras con millones de refugiados por todos lados. Para mí, el lema que me lleva por la vida es muy simple: trato de ser una persona que no hace daño al prójimo y para esto no necesito curas, imanes, rabinos, que me quieran aplicar castigos por haber fallado en algo a las "reglas" hechas por humanos».

Klaus Kesting | *75 años* | *empresario*

«Dios es la fuerza que me guía o la luz que brilla cuando sé que estoy viviendo mi verdad. Ella no está en una iglesia, Ella no usa sandalias. Dios es mi ser más elevado, me alegra conocerla».

Tyler Phillips | *27 años* | *editora de fotografía*

«A través de los años, mi relación con Dios ha pasado por muchas pruebas. Lo veo de manera diferente y siento su presencia de una forma en que nunca lo hice mientras crecía. Revelar que soy un hombre gay en una comunidad cristiana fue emocionalmente agotador. Me sentí tan deprimido, alienado e incomprendido. Se dice que, a través de nuestro dolor y sufrimiento, llegamos a ver el plan de Dios para nosotros. Con lo difícil que fue salir del clóset, veo que necesitaba experimentar eso para poder convertirme en el hombre que soy hoy. También me ayudó a ver qué tan rota está la humanidad, y que las personas operan por miedo casi siempre. A través de nuestros miedos, hemos proyectado nuestras propias agendas, y el verdadero significado detrás de la religión o la sexualidad, se pierde. Dicho esto, no me considero el tipo de creyente que normalmente encontrarías. En lugar de eso, sigo la guía interior que he sentido en mi corazón a lo largo de los años. Dios está en mí, Dios continúa desafiándome y guiándome hacia pastos más verdes».

Eric Doolin | *28 años* | *fotógrafo*

«A las 3 de la mañana cuando estoy llorando y sólo puedo hablar las cosas con Él».

Anónimo | *22 años* | *estudiante*

¿Dónde encuentras a Dios?

Este libro no está completo sin tu respuesta.

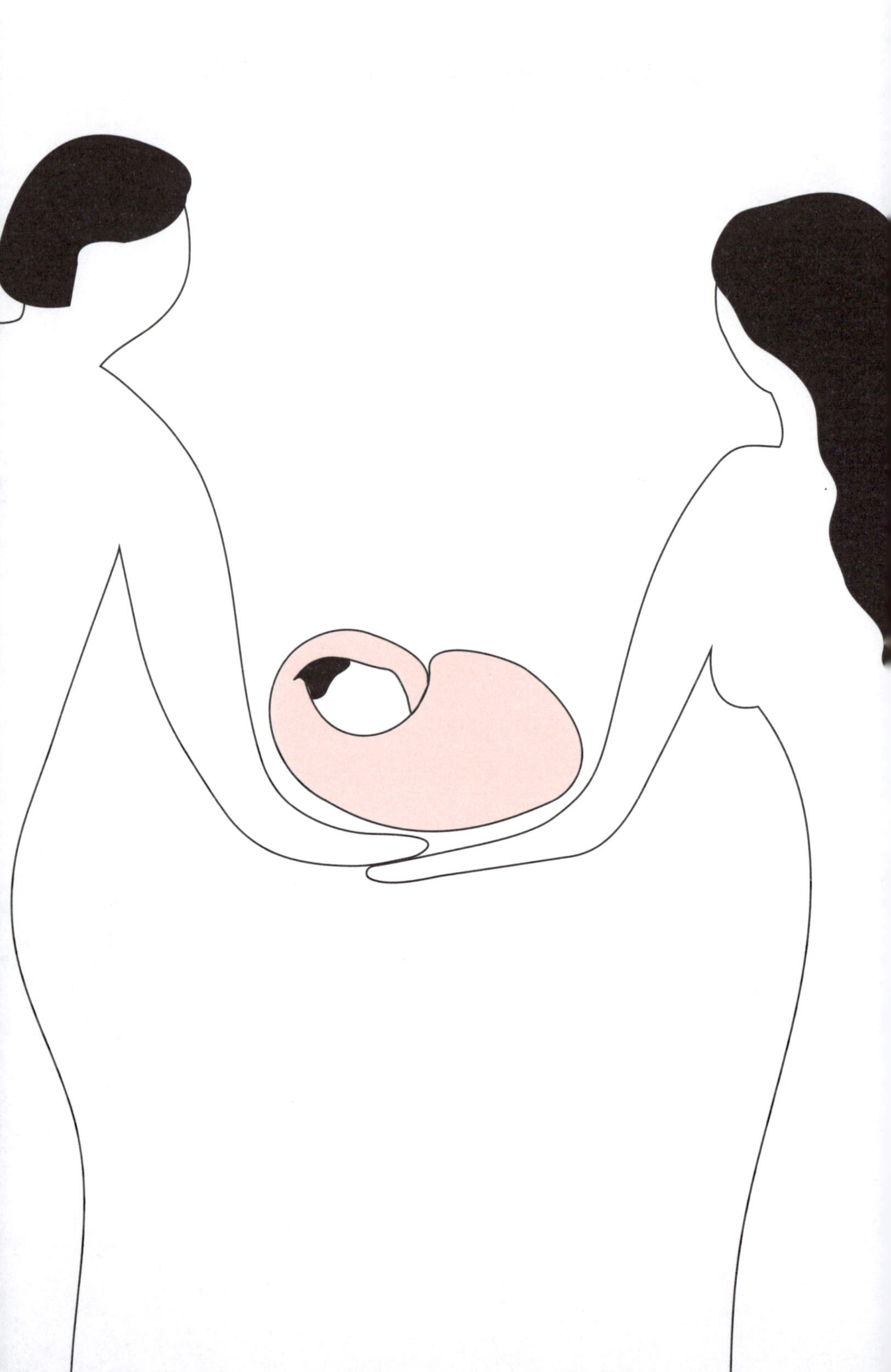

¿Qué cosas positivas dejaron en ti las personas que te criaron y qué te hubiera gustado que hicieran diferente?

• ¿Con quién creciste? • ¿Cómo te sentías? • ¿Qué te hizo falta? • ¿Qué admirabas de ellos? • ¿Qué te ayudó? • ¿Qué te dolió? • ¿Qué te acompaña hasta el día de hoy? • ¿Qué escuchabas acerca del amor, el dinero, el trabajo, la vida, los amigos? • ¿Lo creíste? • • ¿Qué valores te inculcaron que hoy son importantes para ti? • ¿Te pareces a ellos? • ¿Cuál es la mayor enseñanza que te dejaron? • ¿Ahora, como adulto, puedes darte lo que necesitabas y no recibiste? • ¿Cada cuánto contactas con tu niño(a) interior? • ¿Ya te diste cuenta de que lo que más señalabas también vive en ti? •

• ¿Tu crianza define quién eres ahora? • ¿Pudiste perdonar las cosas que te dolieron? • ¿Entendiste que ellos hicieron lo mejor que pudieron con las herramientas que tenían? • ¿Ya puedes ser quien en realidad eres? • ¿Te has atrevido a cuestionar las creencias que no son tuyas? • • ¿Si tuvieras tus propios hijo(a)s, qué harías diferente? • ¿Te has encontrado haciendo o diciendo cosas idénticas a lo que ellos hacían? • • ¿A dónde vas es una consecuencia de dónde vienes? • ¿Has podido honrar y agradecer lo bueno y lo malo de quienes te dieron la vida? •

LETY:

Mi mamá me enseñó el amor sin condiciones. Nunca he entendido de dónde saca tanta fuerza para ver por los demás y hacer sentir a cualquier persona, que se cruza en su camino importante y especial. No conozco a alguien que no haya recibido una invitación abierta a nuestra casa, a nuestras vidas, gracias a mi mamá. Es como si pudiera ver lo que muchos no vemos a simple vista y en su corazón cabemos todos. Además ella brilla, según me cuenta mi Tita, siempre ha brillado. Entonces no hay un lugar al que entre y pase desapercibida. Con ella aprendí a soñar, a crecer y a ir siempre para adelante. Tiene este superpoder de bailar con la vida y decir siempre que sí. Mi mamá ha sido mi más grande maestra, creo que al final somos tan parecidas que nos empujamos la una a la otra a crecer constantemente. De ella viene mi fuerza para ir por lo que quiero en la vida.

Mi papá es la persona más auténtica y congruente que conozco. Creo que ha sido el mayor testigo de quien soy y nunca ha querido cambiar una sola cosa de mí. Me ve por quien soy, me acompaña de cerquita y se ha encargado de ser tierra firme para dejarme volar a donde he querido ir. Con su ejemplo he aprendido de amor propio, de libertad y sobre todo que no hay nada en la vida tan importante como para perder la paz. Mi mamá dice que si tuviera la oportunidad de reencarnar en alguien, quien sea, reencarnaría en mi papá y creo que yo también. Él supo descifrar lo que muchos buscamos toda una vida, ha sabido encontrar la felicidad en el día a día y en las cosas simples. Mi papá nunca ha esperado a nada y a nadie para ser feliz. Él es feliz en su libro, con su noticiero, viendo el golf, con su lonche para cenar, en su siesta, buscando jacuzzis por el mundo, cantando canciones siempre desentonadas y repitiendo una y otra vez palabras en inglés sin ningún motivo. Él es feliz en donde esté, con quien esté y haciendo lo que sea que esté haciendo.

Pero de todo lo que mis papás me dejaron, lo mejor se llama: Jaime, Rodrigo y Renata. Con mis hermanos aprendí a amar y cada uno completa una parte de mí. Ellos tres son mi mejor plan. Jaime fue mi mejor amigo la mitad de mi vida. Compartíamos todo: cuarto, amigos, planes, sueños, hasta gustos. Después de años de forzarme a jugar nintendo, luchitas, tazos, canicas, y ver Supercampeones y Caballeros del Zodiaco me terminó por gustar lo mismo que a él. No sé si alguna vez admiré más a alguien como a mi hermano grande, quería ser como él. No había nada que Jaime hiciera que no me pareciera el hallazgo más grande de la vida. Rodrigo le trajo luz a mi familia. Nadie tiene un corazón tan grande, tan único y leal como el suyo. Tiene a los mismos amigos desde que tenía 5 años y es el más inteligente de los 6. Aunque Ro y yo tenemos formas de ver la vida totalmente opuestas, nadie me ha respetado tanto como él. La confianza que hemos creado conforme hemos crecido y las llamadas para chismear de nuestras vidas se han convertido en mis favoritas. Rena fue mi bebé. Si no me toca ser mamá en esta vida no importa porque siento que ya viví un amor así de grande. Compartimos cuarto y muchas cosas pero nunca nos hemos peleado. Somos el yin y el yang. Ella es todo lo que yo no soy y viceversa, por eso ella es mi mayor confidente y quien me centra. También fue la única que creyó en mí y en mis sueños cuando nadie más creía.

Crecí también con mis cuatro abuelos hasta que fui adolescente. De mi abuela Mimi aprendí que la vida es mejor a colores, que lo que se quiere se busca y se insiste y la historia universal y mi país son temas para apasionarse. De mi abuelo Jaime que no hay placer más grande en esta vida que leer y viajar, que nunca es tarde para seguir aprendiendo y sobre todo cuestionando. Mi abuelo era un libre pensador y de él vienen todas mis preguntas. De mi Tita que la familia puede ser ese lugar de amor que te sostiene a lo largo de la vida y su pasión por cultivar su mente. De mi Tito que la felicidad es una decisión que se toma a diario y que tanto la vida como la comida existen para disfrutarse al máximo. Y aquí podría agregar a mis tías, tíos y primas que sin ella(o)s no puedo contar mi historia.

No sé pensar en mí y en quién soy sin cada uno de ella(o)s. Mi vida ha sido una búsqueda constante de respuestas, de mi lugar en el mundo y mi propia voz pero todo eso impulsado por la fuerza y amor que encontré en mis papás, hermanos y abuelos.

Creo que la forma en que nos educaron a mis hermanos y a mí corresponde mucho a la época que se vivía. Esta creencia de que la manera de protegernos era no hablar de ciertos temas que son incómodos. Si algún día soy madre o ahora que soy tía creo que abriría la conversación y trataría de poner toda la información en la mesa para que ningún tema sea tabú y para que cada quien pueda tomar sus propias decisiones. También le daría exactamente los mismos mensajes a niños y niñas sin ninguna diferencia por el género. Ni de cómo tienen que verse ni de las cosas que deben importarles. Les diría a todos que no se tomen la vida tan en serio, que no tienen que tener las respuestas a cada instante y que muchas cosas hay que vivirlas para aprender. Que la verdadera escuela está allá afuera en la vida, en las experiencias. Que atreverse siempre es la respuesta, aunque no salga como esperan, aunque nos rompamos el corazón y los sueños, vale la pena vivir la vida a cada instante y no sólo verla pasar. Enseñarles a respetar, tolerar y abrir su mente a diferentes formas de entender la realidad y que justo en nuestras diferencias está lo que nos engrandece. Enseñarles a escucharse y a conectar con su cuerpo e intuición. Y que lo más importante es cultivar la capacidad de ser quienes son a cada instante. Serle fiel a su corazón, a sus sueños y a sus ideales.

ASHLEY:

Una terapeuta me explicó un día que antes de bajar a la Tierra yo había escogido a quienes serían mi padre y mi madre. En aquel entonces era una adolescente enojada y poco gentil y me enojé tanto que dejé de ir con ella. Me parecía ilógico haber nacido en donde nací, ahora que la adolescencia es un recuerdo turbio me arrepiento de creer que mis papás y yo no nos escogimos, porque hoy sé que no sólo nos escogimos, sino que no había otra forma de venir a la Tierra si no era con ellos.

De mi papá aprendí a ser sencilla y simple. Que la felicidad siempre está en los detalles chiquitos. En el café de las mañanas y en un domingo en la cama. A trabajar con una pasión que a veces parece desconocida. Aprendí de ética y de justicia. A dialogar, porque no existe en su mente algo que no se pueda arreglar. Él ha sido un eterno bosque de oportunidades para mí. Aprendí a no burlarme de mis propios sueños porque él los tomó muy en serio desde chica. Aprendí a ser organizada y bien vestida. A permanecer callada si no sabes qué decir. Aprendí que poder servir a los demás es un honor. Aprendí que el amor incondicional no sabe de biología, que uno ama a los que ama sin interrupción, sin fin. Mi libertad es gracias a él, y a las infinitas horas que pasó para abrirme a mí el camino, para ser quien he querido ser.

De mi madre ¡qué no he aprendido! Ha sido mi mayor maestra, mi escuela favorita. Para empezar, aprendí de ella que el mundo tiene muchas dimensiones y que si aprendes y te concentras puedes moverte entre ellas. Me enseñó todos los ritos y rituales que existen. A ser respetuosa con la energía, con Dios y la naturaleza. A no tener miedo, porque mi madre es una leona. A sacar las uñas por ti y por los que amas. A escribir y a tener altares por todos lados. A buscar el sentido de pertenencia hasta que lo encuentres. Mi madre no sabe mucho de grises, de neutralidades, ella siente todo con pasión, entonces la pasión con la que vivo la aprendí de ella. Aprendí a confiar en el universo y a ser una digna hija de él, a saber que todo está al alcance de mi mente y de mi corazón. Aprendí que el agradecimiento se multiplica. Pero sobre todo de mi madre aprendí de luz. Su nombre ya lo decía por ella desde que nació. Aprendí de luz, a brillar por donde andes, a no tenerle miedo a quien eres, a ser siempre tú, sin miedo, sin máscaras. Que quien eres es suficiente.

De Elena, mi abuela, aprendí del mundo. Que todos los rincones valen la pena ser visitados. También de fotografía y de lo delicioso que es ver televisión en la cama. Aprendí a ser norteamericana y a vivir en Estados Unidos. Aprendí a respetar la tierra y a los animales. Ella me enseñó que la familia es más a quien escoges que de quienes naces. Igual a través de ella aprendí que el silencio pudre todo y que los límites son un acto de supervivencia. Aprendí de amor, amor incondicional y que desconoce el tiempo.

Y de mi Ofita aprendí a ser mexicana. A comer de todo y con todo, a que la barriga llena y la comida hecha con amor es suficiente. Aprendí a que la vida a veces es injusta. Que los acomodos sociales son injustos y poco razonables, pero que el amor no entiende nada de esto. Aprendí que no hay cosa que no pueda aprender, que una buena cara y una buena risa abre todas las puertas del mundo. Aprendí de fuerza y a ver el mar con otros ojos. Ella pudo curar mi corazón lavándome el pelo; sus mimos y caricias arropan mi alma y la de mis hermanos hasta el día de hoy.

Ahora puedo decir que no me habría gustado que algo fuera diferente, que quien me trajo a la Tierra y los que me cobijaron fueron la guía, el bosque que necesitaba para ser. Hubiera querido que sanaran algunas heridas antes de que nosotros tres bajáramos a la Tierra. A veces siento que interrumpí sus procesos, el camino hubiera sido el mismo, pero más frondoso.

■ ■ ■

Tamara Trottner

| *escritora* |

«Junto a mi mamá aprendí que hay pasiones que no tienen remedio y que hay que luchar por ellas, pase lo que pase. Aprendí que una mordida a un chocolate mitiga casi todos los males y los que no se curan con chocolate, generalmente se acomodan con el tiempo. Aprendí a confiar en los precipicios porque son sus orillas las que nos permiten volar y, a veces, también nos enseñan a caer, y entendí que las dos cosas son igual de importantes. Mi mamá se casó con su alma gemela, resulta que esas sí existen, aunque la vida insista en hacernos creer lo contrario. Juntos me enseñaron a querer como el otro necesita ser amado y no como nosotros anhelamos. Él le consentía todos sus caprichos y al hacerlo su rostro se convertía en sonrisa. Ella lo admiraba y aplaudía todo lo que hacía, aunque fuera llegar tarde a su fiesta sorpresa porque estaba atendiendo a un paciente; aquel día, en vez de enojarse le pidió al trío que cantara "Ya llegó el que andaba ausente". Me hubiera gustado que me enseñaran que no era necesario ser perfecta para ser querida. Mis padres aplaudían mis excelentes calificaciones, mis diplomas, presumían qué niña tan responsable y educada era, y con sus aplausos, que yo confundía con una clara, contundente e inequívoca muestra de amor, me esforzaba cada día más porque pensaba que de lo contrario dejarían de quererme. Después me fui equivocando por la vida, me permití despeinarme, rasparme las rodillas, cometí errores y dejé de ser tan responsable y ellos siguieron abrazándome con un profundo amor. Ojalá me lo hubieran dicho antes».

■ ■ ■

«Lo positivo es que han creído en mí incondicionalmente, me han apoyado en todos y cada uno de mis sueños. Y aunque a veces les ha costado, han respetado lo que quiero: ser independiente de ellos. Me habría gustado que no me hubieran dado tantas comodidades; es decir, creo que en algún punto me resolvieron tanto la vida que no me daban la oportunidad de crecer y hacer las cosas por mí misma».

Magaly Nasser | *27 años* | *emprendedora*

«Amo que me hayan inculcado el respeto hacia todos sin importar a qué se dediquen, a ser responsable y puntual, a respetar la vida de todo ser vivo y el amor a Dios. Me habría encantado que mientras se divorciaban no me pusieran en medio de sus pleitos, que me dejaran vivir en paz como la niña de nueve años que era».

Miriam Nolasco | *22 años* | *licenciada en Nutrición*

«Amo que todo se pueda discutir en la mesa, cualquier duda se podía hablar».

Denisse Alejandra Flores Cuadros | *25 años* | *médico*

«Algo que me habría gustado cambiar es el hecho de querer tenerlo todo de alguna forma. Crecí en un hogar que batalló muchas veces económica y emocionalmente, así que me habría gustado escuchar menos lo que *no tenemos* y más lo que *sí tenemos*. De repente siento que gran parte de nuestra historia la basamos en el dinero o en una vida perfecta que no alcanzamos, cuando en realidad la vida que tenemos es perfecta porque nos tenemos».

Paula GMG | *21 años* | *estudiante*

«Mis papás me criaron hasta donde ellos sabían, pero me habría gustado mucho que se hubieran informado antes de tener un hijo. Siento que en la generación actual, aunque muchos no quieran tener hijos, somos más conscientes porque tenemos acceso a mayor información que nuestros padres».

Marco Alejandro | *23 años* | *artista*

«Desearía que mis padres hubieran sido felices en vez de fingir que lo eran. Incluso si eso significaba que no estaban juntos. Espero dar a mis hijos un verdadero ejemplo de una asociación amorosa genuina».

Tyler Phillips | *27 años* | *editora de fotografía*

«Me dejó el deseo de luchar por una vida mejor y de ser responsable. Me enseñó a tener un balance entre lo que es importante y lo que no lo es tanto. Me habría gustado que hubiera estado más en casa, con sus hijos, que nos abrazara más en lugar de comprarnos cosas, que fuera más mamá y menos profesionista».

Jossette Nunez | *32 años* | *director de Ventas*

«Aún lo sigo descubriendo, porque por el momento sólo puedo pensar en lo malo. Pero gracias a lo malo estoy escribiendo y creando, así que supongo que es positivo».

Cintia Morales Braungart | *30 años* | *diseñadora web*

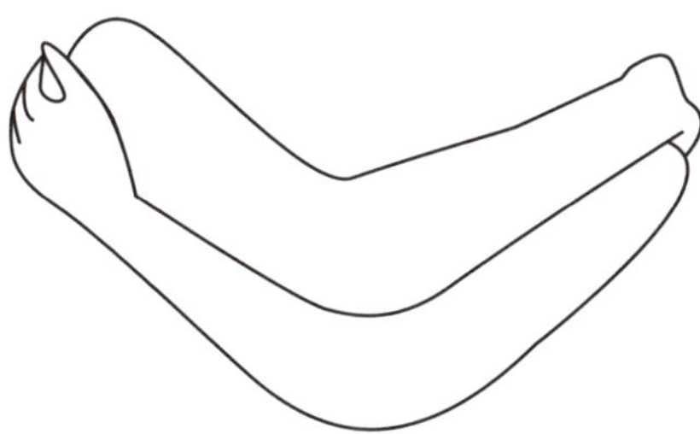

«Que me golpearan menos y me abrazaran más».

Laura Martínez | *36 años* | *emprendedora*

«El regalo más grande que me dejaron mis papás fue la idea de que estoy hecho para cosas extraordinarias y que no debo permitir que nada apague esa pasión. Me habría gustado que no juzgaran tan duramente las decisiones que he tomado y que no eran iguales a las de ellos, que entendieran que no todos mis errores son consecuencias de sus desaciertos. Al final, ellos hicieron todo lo posible, es sólo que ahora me toca a mí escribir mi propia historia».

Óscar González | *23 años* | *asistente de dirección*

«Sin duda, la responsabilidad y la honestidad. Me hubiera gustado que mis papás enfrentaran las cosas de manera directa en lugar de no hablarlas y pensar que con el tiempo se olvidarían o mejorarían por sí mismas. Habría querido que fueran más de diálogo y no de imposición».

Mayra Patricia Ayón Suárez | *42 años* | *docente*

«Nadie enseña a los padres a ser padres. Para mí todo lo que hicieron tiene un porqué en mí, pues gracias a esas enseñanzas soy la persona que hoy soy. Me falta mejorar muchas cosas, pero sé que ahora es responsabilidad mía trabajarlas».

María José Castañeda Saldívar | *29 años*

«Me hubiera gustado que se sintieran menos responsables de mi felicidad y más responsables de la de ellos».

Anónimo | *36 años* | *ingeniero industrial*

«Mi abuelo me enseñó que la educación no tiene nada que ver con el dinero. Y mi abuela me sigue enseñando que "cosechas lo que siembras". No sé realmente si hubieran podido hacer algo diferente, hicieron lo que sus padres les enseñaron; la forma en la que te crían viene de generaciones en generaciones».

Aileen Meléndez Salinas | *27 años* | *diseñadora*

«Positivo: siempre me dejaron ser libre con mis decisiones. Negativo: toda mi vida ha sido una crítica constructiva de parte de las personas que me rodean. Creo que hubiera sido increíble que mis papás supieran cuándo dejar de opinar».

Greta Elizondo | *27 años* | *bailarina*

«Me dieron la vida, a mis hermanos, una familia, un sustento... Se encargaron de que siempre tuviera "todo". Me habría gustado que se cuidaran más en lo individual, que se sanaran y enfrentaran sus ruidos internos, que acomodaran un poco sus historias personales».

Natalie Alonso | *39 años* | *maestra*

«Mi madre me enseñó a mirar alto y a ser perseverante, sin importar las veces en que yo creyera que no era suficiente. Me hubiera gustado que me enseñaran que la dependencia amorosa te frena; ella depositaba todas sus energías (incluida su alegría de todos los días) en su mala relación con mi padre».

Anónimo | *25 años* | *estudiante de Medicina*

«Mis papás me enseñaron el arte de hacer un hogar a donde sea que van, de reírse hasta en funerales, de bailar a cualquier hora del día, de gozar la vida. Me enseñaron a compartir, a ser yo misma sin pedir perdón y a seguir mi corazón».

Simona García Fortes | *21 años* | *estudiante*

«Si nos ponemos a comparar seguramente veremos cosas que alguien más tuvo o no tuvo... pero si nos ponemos a agradecer, no nos falta nada, al contrario, tenemos todo. Como dice mi gran maestro de semiología Alfonso Ruiz Soto: "todo está bien siempre, lo demás son juicios del ego"».

Rebeca de la O | *31 años* | *brand manager*

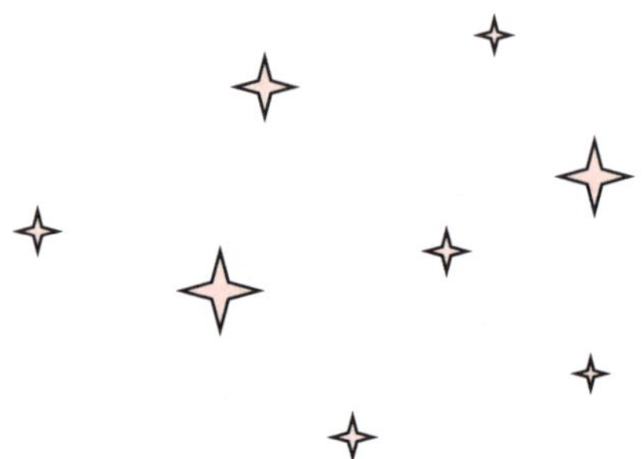

«Me dejaron amor, me hicieron sensible y humana.
Hubiera cambiado el haber dejado que pusieran tantas expectativas en mí, que en realidad eran sus expectativas y no las mías».

Ana Torres | *mamá, esposa, hija, empleada y la más importante: mujer*

«Entre las feministas tenemos una frase muy popular que va así: "Toda feminista sale de un papá machista". Y mi historia no es tan diferente. Tuve una infancia complicada, con un papá psicológica y emocionalmente violento, quien además estuvo ausente en nuestra infancia y se tomaba el rol de proveedor muy a pecho. En otras palabras, el prototipo de masculinidad tóxica. Mi mamá, aunque siempre fue muy trabajadora y ha logrado muchos éxitos profesionales, llevaba una relación codependiente con su pareja (mi padre), en la que constantemente había discusiones, gritos y sombrerazos que hacían de nuestra casa un lugar sin estabilidad emocional. Además de esto, mi papá era constantemente infiel; una costumbre que adoptó desde mucho antes de conocer a mi mamá. Habiendo dicho esto, yo crecí en todo el privilegio del mundo. Fui a las mejores escuelas gracias a que mi mamá y mi papá me apoyaron, empujaron y me proveyeron de una infraestructura que me permitió estar en la posición en la que me encuentro ahora. Ninguno de los dos venía de grandes privilegios, pero ambos lucharon y trabajaron para darnos lo mejor, al menos económicamente hablando. Y sin embargo, los amo y me siento afortunada de ser su hija, porque con el feminismo también viene la empatía. Ninguno de los dos la tuvo fácil. Mi papá es hijo de madre soltera y mi mamá creció con una madre alcohólica y tóxica. Mi abuela materna era una mujer sumamente fuerte; sin embargo, pasaba de ser una mujer brillante y de grandes virtudes, a ser una persona violenta y abusiva. Hoy en día puedo decir que estoy totalmente agradecida de todo lo que me dieron mi papá y mi mamá. Son sobrevivientes, y en un mundo que exige resiliencia no puedo negar que tuve a dos grandes maestrxs. Pero los aprendizajes no sólo vienen del amor, también vienen del desdén, del rencor, de la violencia, del maltrato y de la sanación de todo ese dolor por el cual he tenido que pasar. El feminismo me ha permitido sanar y encontrarme, encontrar el amor propio, encontrar mi vocación y luchar por aquellas personas que no tienen voz o que aún no la han encontrado».

Carola Baez | *34 años* | *fundadora de Cold Press News; investigadora y activista feminista*

«Cambiaría que las mujeres que me criaron no lo hubieran hecho desde el miedo, la ira, la desconfianza y los traumas que tuvieron relacionados con los hombres».

Vanessa Aristizábal | *31 años* | *comunicadora*

«El abuso, aunque suene ilógico decir que fue algo bueno. Fui abusada por papá muchos años y cuando decidí decir la verdad, mi propia familia me pidió que callara. Después de obtener mucha ayuda, descubrí que me había ocurrido eso para terminar con el abuso que incluso papá y mamá sufrieron y replicaron. No cambiaría nada; eso me hizo ser una mujer fuerte, valiente y plena. La siguiente generación no sufrirá abuso y eso me llena de mucha alegría. Todo lo malo lo tomé y decidí hacer las cosas de manera más sana, más consciente y con mucho más amor. Como diría mi terapeuta: al final triunfó el amor».

Jazmín Díaz | *28 años* | *consultora*

«Me hubiera gustado vivir más despacio y alejada de la violencia familiar. Me hubiera gustado contar con un espacio de contención y sentir mi casa como un verdadero hogar».

Anónima | *31 años* | *ingeniera industrial y ama de casa*

«Me hubiera gustado que el trato hacia mis hermanos y hacia mí hubiera sido el mismo, sin diferencias/privilegios por el género».

Isa | *22 años* | *comunicóloga*

¿Qué cosas positivas dejaron en ti las personas que te criaron y qué te hubiera gustado que hicieran diferente?

Este libro no está completo sin tu respuesta.

¿Qué quisieras
olvidar?

• ¿Qué haces para tratar de olvidar? • ¿Cuántas veces repites la misma historia en tu cabeza? • ¿A qué te aferras? • ¿Se puede borrar un recuerdo que se visita a diario? • ¿Puedes aceptar lo que pasó tal como fue? • ¿Lograste entender que no eres un momento, sino el cúmulo de historias? • ¿Dónde aprendiste a darle valor a esto que tanto quieres olvidar? • ¿El «hubiera» existe? • ¿Puedes elegir qué recordar y qué olvidar? • ¿Qué historias te marcaron? •

• ¿Por qué crees que olvidar algo cambiaría la historia? • ¿Si le quitaras la atención que le das todos los días a eso que tanto quieres olvidar, seguiría ahí? • ¿Serás tú eso que alguien más quiere olvidar? • ¿Puedes recordar sin dolor? • ¿Qué detona ese recuerdo? • ¿Si lo hablaras con alguien perdería fuerza? • ¿Quieres cambiar el resultado o el suceso? • ¿Has tratado de perdonar para olvidar? • ¿El tiempo te ha ayudado? • ¿Qué crees que pasará cuando olvides? • ¿Olvidar te hará libre? •

ASHLEY:

Tengo miedo de escribir esta respuesta porque siento que si olvido lo que estoy por escribir podrían irse, junto con esos recuerdos, algunos otros que están impregnados en mi corazón. Por ejemplo, no sabría cómo vivir sin que Iker me hiciera reír hasta escupir el café sobre mí misma. Tampoco sé qué sería de mí sin la mano de Chelsea, mi hermana, agarrando la mía cada que caminamos por la calle. Entonces vale decir que no quiero olvidar nada si esto significa que los olvidaría a ellos o alguna de nuestras memorias. Pero en el mundo paralelo en el que puedo olvidar algo, olvidaría la vergüenza y todo su rastro por mi vida y la de los míos. Según Brené Brown, la vergüenza es el sentimiento o experiencia que te hace creer que algo está mal contigo, y por eso no te sientes merecedor/a de amor ni tienes sentido de pertenencia.

Esta idea estúpida se coló en mi vida cuando era todavía muy chica para entender siquiera mi nombre. Me ha costado tanto olvidar, reformular y entender. Olvidaría la idea que tenía de que algo estaba mal conmigo. No sabía qué, pero creía que desde que bajé a la Tierra había algo en mí que no estaba completo. Y esta idea no sólo me destrozó durante años, sino que me causó tanto dolor que aún hoy, con todo lo aprendido, sigo sin encontrar bien cuál es el mensaje detrás de ella. Porque la vergüenza me hizo creer que si algo estaba mal en mí, entonces todo lo que hacía y decía también estaban mal. Que debía fundirme con las personas, ser más chiquita, más callada para así evitar que alguien me notara. Y vivir así es tan cansado, tan lleno de tormentas, que me quitó mucha vida.

Olvidaría la vergüenza para haber andado siempre con la cabeza arriba, sabiendo que a donde iba tenía un lugar, sabiendo que no iba a desaparecer entre el viento sin que nadie lo notara. Me gustaría haber sabido que el dolor tenía un fin, y ya estaba cerca. Dejaría ir la idea de que Dios se había olvidado de mí; olvidarla sería un renacer, sería como un día nuevo y soleado, y lo mejor: el camino de regreso a mí no se hubiera sentido tan cansado.

LETY:

Quisiera olvidar que tengo que probarle algo a alguien. Que hay una meta por alcanzar. Una forma de hacer las cosas. Todas esas reglas que me hacen creer que la vida o yo "debemos ser y vernos de cierta manera". Quisiera olvidar las expectativas que me compré.

Quisiera olvidar mi obsesión por hacer todo perfecto. Me juzgué muy duro durante muchos años con estándares muy altos, imposibles de alcanzar. Me he frenado, en muchos momentos de mi vida, de hacer cosas que en verdad quería hacer por creer que no estaba lista o que no era suficiente en ese momento. Hoy veo que pensar que no estamos listo(a)s para algo es una buena manera de no hacer nada. Que la única forma de combatir el perfeccionismo es empezando hoy con lo que somos y tenemos en este momento.

Quisiera olvidar lo ruda que fui en la adolescencia con mi mamá y hermanos. Hoy veo que estaba muy confundida y buscando desesperadamente encontrar quién era, pero no había necesidad de ser ruda con nadie.

Quisiera olvidar las veces que me hice chiquita para caber en la vida de alguien. Cada vez que callé mi voz, guardé mis alas y decidí apagarme poco a poquito. Las veces que no me defendí y dejé que alguien más pasara por encima de mí. Hoy elijo sólo estar en espacios en donde quien soy es celebrado, en donde no le tengan miedo a lo que me pueda convertir. Descubrí que hay personas que creen en ti y te impulsan incluso cuando tú no, pero sobre todo aprendí que de ahora en adelante me cuido a mí misma y a mis sueños como cuidaría lo más valioso que tengo en la vida.

Quisiera olvidar las veces que amé desde mis carencias. Que estuve en juegos de poder en mis relaciones. Me duele mucho aceptar que no sabía amar de otra manera y que también le hice daño a personas que amaba. Hoy veo que confundí muchas cosas con amor y que en la vida sólo me toca acompañar y amar desde la libertad.

Quisiera olvidar todas las veces que me dijeron que no. Que estaba perdiendo el tiempo con mis sueños. Que no me iban a dar una oportunidad. Cada vez que me cerraron la puerta en la cara y lo que me dolió aceptarlo. Hoy veo que cada *no*, me hizo asegurarme de estar en esto por las razones correctas. De trabajar duro, de enfrentar mis miedos, de encontrar la confianza, determinación y fuerza dentro de mí para seguir avanzando. Así que dejé de buscar a alguien que creyera en mí, entendí que por suerte mis sueños son míos y de nadie más y empecé a buscar la forma de hacer que las cosas sucedieran.

Al final creo que los recuerdos, incluso los que consideramos buenos y malos, son un arma de doble filo. Esas cosas ya no se pueden olvidar, pero sí puedo elegir diferente en este momento. ¡Qué alivio poder reinventarnos y elegir cuantas veces sea necesario! ¶

▪ ▪ ▪

Rafael Sarmiento

| *44 años* | *periodista, papá, esposo y amigo* |

«No quisiera olvidar nada. Aun los tragos más difíciles y amargos han dejado cosas. ¿Para qué sirve olvidar? No será más que una evasión. Prefiero perdonar(me), pues sin perdón no hay vida. Como todos, tengo cosas de las que me arrepiento, pero también el arrepentimiento es una pérdida de tiempo; la mejor forma de arrepentirse, y entonces de perdonarse, es asegurarse de que no vaya a suceder de nuevo aquella cosa que incomoda en tu memoria».

• • •

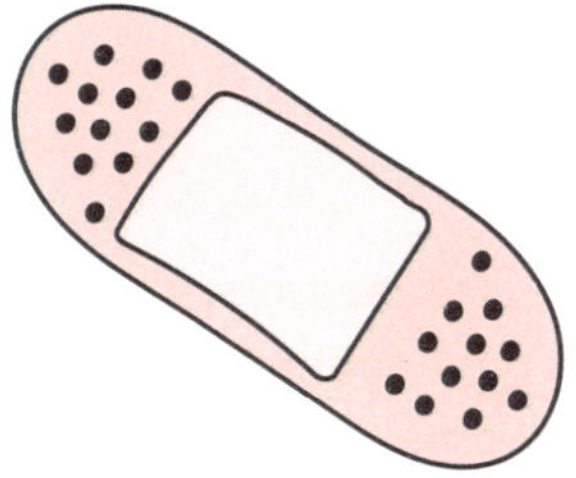

«Creo que es más importante sanar que olvidar».

Valeria Beckmann | *22 años* | *estudiante*

«Quisiera olvidar cómo me han hecho sentir las palabras de personas muy cercanas a mí».

Nataly Romero | *24 años* | *estudiante*

«El día que perdí a mi hijo».

Madeleine Romero | *20 años* | *emprendedora*

«Nada, al contrario. Desearía recordar aún más cosas. Recordar es verte a ti mismo desde otra perspectiva y me ha dado la oportunidad de conocerme y aprender lecciones muy valiosas».

Damaris Meza Ochoa | *25 años* | *psicóloga*

«Los estigmas sociales, me ha costado años poder deshacerme de ellos».

Fernanda Márquez | *21 años* | *diseñadora de moda*

«Lo homofóbico y racista que fui con mi hermano; tengo casi trece años sin saber de él y espero que haya encontrado su felicidad y camino».

Anónimo

«Las peleas de mis papás, los momentos oscuros de mi niñez».

Karla Castro | *21 años* | *estudiante*

«Todo el año en el que a mamá le diagnosticaron una enfermedad cerebral».

Anónimo | *24 años* | *abogada*

«Las veces que por querer el amor y la aprobación de un hombre, dejé que pasara por encima de mí, tomando decisiones no amorosas hacia mi persona (una violación en el noviazgo, golpes y un aborto)».

Dennise Macías | *24 años* | *auxiliar de exportaciones*

«Las veces que me pasé por encima».

Anónimo | *28 años* | *médico*

«El olor, la textura de su piel, el sonido de su risa, su forma de caminar».

Val Barrón | *22 años* | *contadora*

«He tenido dos papás. Uno, el papá presente, amoroso, de los chistes bobos, que canta canciones que no se sabe y da los mejores consejos. Y otro, el que sale después de tomarse la botella de whisky, ese papá alcohólico, hiriente y agresivo, que no ha hecho nada, más que rompernos el corazón cada vez que promete que es la última vez. Entonces, eso quisiera olvidar: la otra cara de mi papá».

Anónimo

«La importancia que le dimos a la opinión de los demás en nuestras vidas. Cuando dejamos de pensar en el qué dirán, fuimos más felices».

Moralmente incorrectas | *26 años* | *diseñadora gráfica*

«Quisiera olvidar que mi cuerpo no se mide en kilos, quisiera olvidar los comentarios que hacía mi familia refiriéndose a partes de mi cuerpo que se volvieron ofensas y complejos».

Yassenia Aguirre | *37 años* | *maestra*

«El abandono de mi papá. Me hubiese ido mejor si no lo hubiera conocido y sólo me contaran historias de él. Me hizo mucho daño».

Kimberly K. Pinilla P. | *31 años* | *asistente ejecutiva*

«El suicidio de un ser querido. Es un peso que seguirá hasta el día en que deje de estar en la tierra y más que olvidar, me encantaría que nunca hubiese pasado».

Yuri García | *26 años* | *fotógrafa*

«Todo el dolor de la cara de mi padre cuando me pidió que me internara para curar mi anorexia».

Cristina Jiménez | *25 años* | *publicista*

«Cada vez que sentí que suicidarme
era mi única y mejor solución».

Rafaella López | *19 años* | *estudiante de Moda*

«Quisiera olvidar que mi primo me tocó cuando era pequeña y que la vida siguió como si nada. Quisiera olvidar que sigue ocurriendo con más niñas de mi familia y nadie hace nada».

Anónimo | *23 años* | *tutora*

«Mi primer impulso es contestar que quisiera olvidar la raíz de mis inseguridades y miedos. La fuente de la ansiedad que me hace sentir algunos pensamientos que tengo sobre el futuro, sobre mis planes y sobre el amor. Pero, ¿qué es en realidad esa raíz de inseguridades? Tal vez sean palabras. Cosas que me han dicho directamente, o que escuché acerca de mí y que decidí aceptar como verdaderas. Tal vez son los episodios de mi vida que me han disparado las emociones que no he sabido manejar. Tristezas, confusiones o enojos que se me atoraron en el corazón. ¿Qué es lo que tendría que hacer para olvidar? ¿Tendría que extirpar de mi mente momentos que forman parte de mi historia? ¿O podría borrar mágicamente las creencias que se acomodan en mi subconsciente? Una parte de mí siente que olvidar sería hacer trampa. Y también, creo que el efecto no duraría. Para mí, la vida es un río de encuentros y conexiones. La corriente no se detiene. Me presenta personas y situaciones que yo no controlo. Creo que, si borrara algo que me incomodó, pronto me alcanzaría la misma situación con otra cara, en otro sitio. La lección seguiría siendo mía para aprender. Así que, en lugar de olvidar, quiero recordar todo. Quiero procesar lo que pasa en mi vida para que se integre dentro de mí, y me ayude a estar mejor en el mundo. Sin rencores, sin desconfianza, aprendiendo y acercándome más a mi verdad. Aceptando mi pasado y viendo de frente al presente. En lugar de olvidar, lo que quiero es aprender a bailar con la vida entera. Con lo que me incomoda, y con lo que me atrae. Con el corazón abierto para encontrar la armonía en lo que parece caos. Creo que sólo así, aceptando y asimilando la vida tal cual es, podemos ser realmente libres».

Cristina Barnard | *28 años* | *estudiante de doctorado en Economía*

«Que soy eterna, a veces creemos que nunca vamos a morir. Lo sabemos, sabemos que somos mortales, pero no vivimos como si realmente lo tuviéramos presente».

Karina Zepeda | *21 años*

«Es muy personal, pero quisiera olvidar el asesinato de mi padre».

Gabriel Villagrán | *21 años* | *estudiante*

«A veces quisiéramos olvidar tantas cosas del pasado sin percatarnos de todo lo que tenemos ahora. Uno no olvida, uno sólo vive con ello y aprende a verlo como un aprendizaje o un recuerdo».

Ángelica Delgado | *26 años* | *coordinadora*

«Mi primer amor, cuánto dolió».

Megan | *23 años* | *profesora*

«Quisiera olvidar que fui abusada sexualmente, todo esto me trajo depresión y ansiedad. Por lo tanto, no pude quererme ni aceptarme, siempre me rechazaban por mi aspecto acelerado. Así que me hacía heridas en mi abdomen, me arañaba, me gritaba; busqué mucho la perfección, crecí sola pensando que el sexo era amor y hasta ahí. A veces quisiera olvidar todo el dolor que yo me provoqué».

Lorena Guízar | *22 años* | *docente*

«La culpa en general, pero sobre todo la que vino con serle infiel».

Anónimo

«Ver a mi madre morir. Ha sido el recuerdo que me persigue hasta el día de hoy».

Verónica Graye | *37 años* | *estilista de vestuario*

«La depresión que sufrí por cinco años».

Miriam Nolasco | *22 años* | *licenciada en Nutrición*

«Creo que más bien no quisiera olvidar, justo tengo un miedo muy grande a perder la memoria y por eso escribo diarios. Creo que todo lo que nos pasa nos está preparando para nuestra misión, entonces si olvidas algo, estarías perdiendo una lección que tal vez no suene a lección en ese momento, pero que después tendrá sentido. Tenemos que confiar en la vida».

Katia Barrenechea | *17 años* | *estudiante*

«Que dejé ir a alguien que de verdad quería».

Danniela García | *25 años* | *estudiante*

«Mucho tiempo deseé borrarlo a él de mi mente, pero en uno de sus podcast escuché algo que me encantó: no podemos borrar lo que es parte de nuestra historia. Borrarlo a él sería borrarme a mí. Entonces, no quisiera olvidar nada».

Carolina Ossa | *26 años* | *arquitecta*

«Todas aquellas ideas con las que crecí, que a veces no me doy cuenta de qué tan arraigadas están en mí, que ni siquiera las cuestiono, y que ni siquiera son mías».

Marcela | *25 años* | *emprendedora*

«Que mi mamá me condicionó su amor».

Jimena Barragán | *31 años* | *emprendedora*

«La forma en la que he hecho hasta lo imposible por cambiar mi cuerpo. Me creí tantas historias y juicios de cómo me tenía que ver, y me tomó tantos años hacer las paces con mi cuerpo que quisiera olvidar lo ruda que fui con él».

Anónimo

«Las cosas que hice despechada y bajo efectos del alcohol».

Sasha Salazar | *21 años* | *estudiante*

«Todo el tiempo que he pasado odiando y sintiendo rencor. Al final, a quien le ha hecho daño estar atorado tanto tiempo en este sentimiento es a mí».

Anónimo

¿Qué quisieras olvidar?

Este libro no está completo sin tu respuesta.

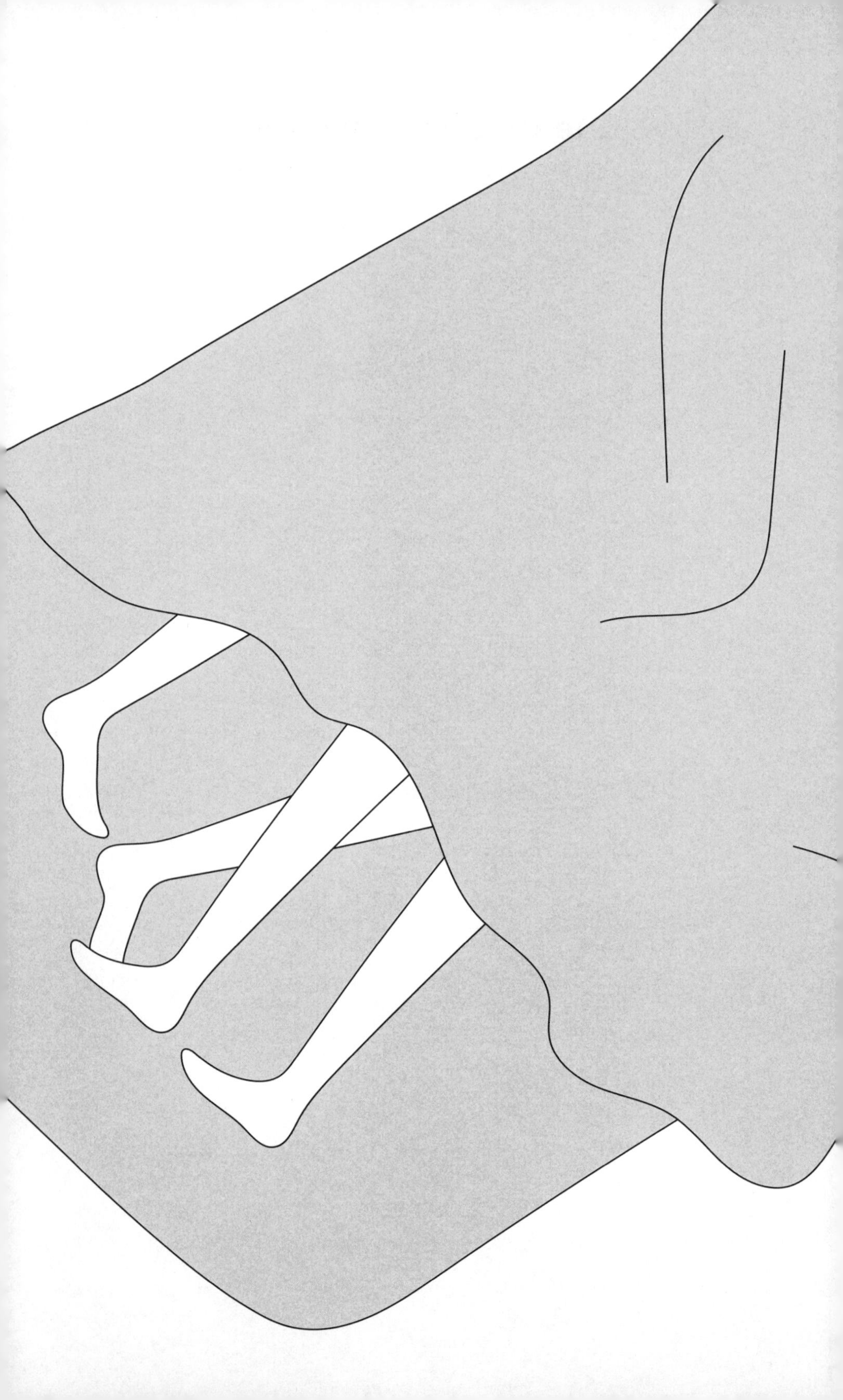

¿Con qué ideas creciste acerca de la sexualidad y cómo la vives ahora?

¿Se hablaba de sexo en tu casa? ¿Era considerado algo «bueno» o «malo»? ¿Cómo te educaste en este tema? ¿Qué ideas escuchaste alrededor de la virginidad? ¿Cómo creíste que iba a ser tu primera vez? ¿Sientes culpa, pena o placer? ¿Con quién hablas de estos temas? ¿Qué expectativas alrededor del sexo te hicieron daño? ¿Tener relaciones sexuales se ve de una forma específica? ¿Por qué crecimos viendo sólo sexo entre un hombre y una mujer? ¿El tamaño importa? ¿Has fingido tener un orgasmo? ¿Por qué se juzga moralmente la sexualidad? ¿Qué te prende?

• ¿La única manera de disfrutar es teniendo un orgasmo? • ¿Qué te impide explorar tu sexualidad? • ¿Te has masturbado? • ¿Sabes pedir lo que quieres en la cama? • ¿Te limitas de alguna forma? • ¿Te atreves a ser tú quien tome la iniciativa? • ¿Cuál es tu posición favorita? • ¿Qué actividades u objetos incorporas durante el sexo? • • ¿Qué diferencia hay entre sexo casual y sexo en una relación estable? • • ¿Hablas de estos temas con tu pareja? • ¿Juzgas a las personas por la forma en que viven su sexualidad? • • ¿De quién son responsabilidad tus orgasmos? • ¿Qué tan importante es el sexo en una relación? •

LETY:

En casa de mis papás no se habló o habla de sexo, además crecí en un colegio católico y la culpa hizo su efecto. Como nadie hablaba del tema mientras crecía, sentía como si mi sexualidad y mi vagina no fueran parte fundamental de mi ser y de mi cuerpo. A todo esto le podríamos agregar la cerecita al pastel: crecí en un país lationamericano en donde el rol de la mujer en la exploración de su sexualidad ni siquiera parecía una posibilidad. Para mis abuelas y mi madre no era una opción hablar de lo que ahora estoy escribiendo. Lo poco que fui aprendiendo del cuerpo de la mujer y el hombre era entre amigas, que llenas de vergüenza también, hablaban muy poco de sus experiencias. En resumidas cuentas, era una analfabeta sexual.

Como adolescente la poca información que llegó a mí estuvo en manos de un grupo de monjas que nos contaban historias que parecían leyendas de terror. Mujeres que se habían embarazado por meterse a la alberca con alguien que les gustaba. Una de ellas, un día nos dijo que las mujeres no teníamos fuerza de voluntad, entonces que si empezábamos a darnos besos con un hombre ya no podríamos parar hasta que «eso» terminara. Que el día que dejáramos a cualquier hombre tocarnos en ese segundo perderían el interés. Ahora mientras las escribo me río, pero en ese entonces me parecían tan reales.

Durante mi pubertad viví una temporada con una familia en Estados Unidos y ahí mi idea acerca de la sexualidad cambió por completo. Las niñas de la casa hablaban de sexo con sus papás mientras nos servíamos puré de papá para sentarnos a cenar. Nadie lo escondía, no era un secreto a voces, se hablaba entre amigas, papás e hijas, era una parte más de sus vidas. Mis amigas norteamericanas tenían la información y con eso tomaban sus decisiones. Hablaban de explorar su propio cuerpo, su sexualidad y sobre todo no conocían la «culpa moral». Estas ideas de pecado y vergüenza no las acompañaban mientras conocían su cuerpo. Entonces caí en cuenta: el pecado, el miedo, la culpa, la desconexión con mi propio cuerpo, lo que está bien y mal moralmente, todo eso lo había aprendido y más importante aún: lo podía desaprender.

Mi primer beso fue a los 18, estaba muy asustada. Sentía ese miedo que sientes cuando entras a un cuarto completamente oscuro y no sabes qué hacer, pero al mismo tiempo era lo más rico que había sentido hasta ese día. Así fue mi relación con la sexualidad durante años. Ir aprendiendo de mi cuerpo y del de mi novio como nos daba a entender nuestra imaginación e instinto.

Ahora pienso, entre risas y coraje, que hubiera sido lindo hacer este recorrido con más información, pero tanta ignorancia me enseñó a ir confiando en mi cuerpo y en sus sensaciones. En escuchar su ritmo y dejarme guiar por lo que se iba despertando dentro de mí. Tantos años repitiendo «por mi culpa, por mi culpa, por mi grande culpa», y ésta no se apareció por ningún lugar el día que tuve sexo por primera vez. Lo que sí creía era que en ese momento iba a perder algo enorme, pues muchos años «me guardé» porque al parecer eso es lo que una mujer «debía» hacer, y había escuchado una y otra vez que el día en que «pierdes tu virginidad» marca un antes y un después. Y lo pongo entre comillas porque no perdí mi virginidad, gané mi sexualidad. Los dos no teníamos idea de lo que hacíamos, pero nos divertimos averiguándolo ese día y muchos años después. Así aprendí de la sexualidad, literalmente conectando y escuchando a mi cuerpo y a sus impulsos.

Me ha costado y me sigue costando quitarme todas las creencias y conceptos alrededor de este tema que aprendí de niña, miedos que me impiden conectar con mi propio placer. Pero sigo trabajando en eso y sobre todo en amar mi cuerpo y escucharlo. La energía del cuerpo y el quinto punto energético está justo en el «chakra sexual», que es el encargado de nuestra creatividad, el centro del poder personal, la abundancia y también el que guarda nuestros miedos. Durante la primera parte de mi vida tenía completamente bloqueada toda esta parte de mí y con ella todo lo que les acabo de contar. Entender la libertad en mi sexualidad y los impulsos que nacen de mi cuerpo, han sido uno de los descubrimientos más enriquecedores en los últimos años. Es como si la hija pródiga estuviera de regreso y sólo tú sabes cuánta falta te hizo porque siempre hubo una parte de ti anhelando que estuviera ahí.

ASHLEY:

Mi primera vez fue a los 22 años y el pelo me llegaba a la cadera. Había vuelto de la playa y traía un traje de baño azul con rayas que todavía tengo. Había tomado la decisión después de enamorarme perdidamente de él en ese invierno. Porque, ¡ah... cómo lo amaba en aquel entonces!

Cuando llegamos de pasar el día en el mar, la casa que compartía con Augusta y Demi estaba vacía, y el sillón en donde vimos juntas la tele esos años fue el testigo de lo sucedido. Con la lengua temblorosa le dije que quería que ese día pasara. Todavía me acuerdo de su cara. Para alguien que creció en Nueva York en los 90, la virginidad era algo que pasaba casi desapercibido y conmigo había tenido que aprender otros andares que le eran incomprensibles. Pero como él siempre ha sido paciente y de pocas palabras, sólo se rio y me dio un beso. Entonces cuando me quitó aquel traje de baño, juré que mi vida entera estaba por cambiar. No sé cómo, no sabía qué iba a pasar, pero me imagine transformándome casi de manera radical. Había hablado miles de veces de eso, había visto pornografia, leído sobre el tema, pero nada me preparó para un momento así. Yo sentía que al día siguiente no sería la misma. Fue divino y marcó el principio de casi un tercio de mi vida con él, pero en realidad nada pasó. Gui hizo que fuera todo menos incómodo, y nos reímos muchísimo, pero al terminar lo único que pensé fue: ¿para esto hacen tanta cosa?

Sabría después que nadie debería tomar en cuenta su primera vez como referencia de nada. Que pasarían algunos meses para que él y yo pudiéramos entendernos, y que me aprendería de memoria cada rincón de su cuerpo y del mío. Pero que aquel día no significó realmente mucho, creí que iba a ser diferente a partir de eso, que no iba a reconocerme, pero realmente no fue así. No le regalé nada a él, él a mí no me quitó nada y mucho menos sentí que yo había cambiado.

Durante esos meses, me pareció una injusticia todo lo que me dijeron acerca de la sexualidad. En la escuela me dijeron que: «Dios me veía», como si acomodar el cosmos no fuera ya suficiente labor. Por ahí les creí que tenía que confesar cada que hiciera algo «sucio», entonces cada lunes estaba sentada contándole a un padre que a mí y a Rodrigo se nos habían pasado las manos. Mi mamá se reía cuando le contaba esto porque si de algo habló mi mamá toda la vida era de sexo y de la calentura que se me iba a venir con la pubertad. Me dibujaba los órganos reproductores en una servilleta en el comedor de la casa y yo horrorizada corría para el otro lado. En mi casa siempre pudimos hablar de cosas incómodas: de drogas, sexo, orientaciones sexuales, de menstruación, de secretos familiares, de antidepresivos y ginecólogos. Tanto con mi mamá, como con mi papá. Mi papá más como daño colateral de la gringa con la que se casó. Siempre supieron todo, a ellos yo nunca les he mentido. Entonces el miedo y la culpa no venían de ahí, eran «comprados». Venían de la escuela y de la sociedad en la que me crie, ahí la vida sexual de todos los integrantes era materia de opinión.

La vergüenza y el miedo se me quitaron como se quita todo lo que pesa: hablando, diciendo, explicando y pidiendo. Educándome, preguntando y armando mis propias reglas. Doy gracias porque lo que vi en mi casa fue más fuerte que lo que aprendí en mi adolescencia. Que la desnudez que nos caracteriza a Chelsea y a mí, le ganó por encima a la vergüenza que quisieron vendernos, entre todo me liberé. La culpa sexual no la conozco hasta el día de hoy. La pena sí, pero la culpa por vivir una sexualidad libre, jamás.

Y ¿cómo vivo ahora mi sexualidad? Me gusta creer que plenamente, que decido qué hago y con quién siempre. Que trato de hablar sobre el sexo y las formas complicadas que a veces tiene. Que trato de no incomodarme cuando alguien cuenta algo, que quiero aprender, escuchar y reconocer la sexualidad de cada quien. Que uso mi voz, a veces en un micrófono, para abrirme camino, para liberarme.

■ ■ ■

Yordi Rosado

| *48 años* | *productor y conductor de televisión y radio, conferencista y escritor* |

«¿Cómo la veo ahora? Veo que me aprendí el abc y nada más, pero hay todo un abecedario con letras no sólo en este idioma, sino en diferentes idiomas, cosas que aprender, que experimentar. Aprendí a no juzgar, a entender que también la sexualidad no tiene solamente una forma, sino que tiene un millón de formas porque cada persona tiene diferentes gustos. A excepción de las filias y de las cosas que son ilegales, ya que rompen evidentemente todos los derechos y la seguridad de cualquier otra persona o de cualquier animal. [...] Siento que cada quien puede vivir la sexualidad como quiera mientras no le hagas daño a nadie y sea consensuado. Creo que la sexualidad es un terreno fantástico para poder explorar y que todos los días te da la superoportunidad de vivir algo nuevo, siempre y cuando no seas víctima de la rutina con tu pareja, que ahí, ahí sí empieza el problema».

Romina Sacre

| *25 años* | *emprendedora digital y autora* |

«En mi pubertad y adolescencia quería ser hombre. Ellos podían ir a besuquearse con quien fuera y no eran juzgados. Incluso, entre más mujeres tuvieran en su currículum, más chingones eran. Yo hubiera sido la más feliz de haberme besuqueado a todos los que me gustaban, pero no lo hice porque no sé quién madres me dijo: si andas de muslos relajados nadie te va a querer a la larga. Esa doble moral siempre me ha causado conflicto. Que un mismo concepto aplique distinto si eres hombre o mujer me encabrona. Desde hace unos años vivo mi sexualidad feliz, siendo responsable, pero con mucha libertad y sin culpas».

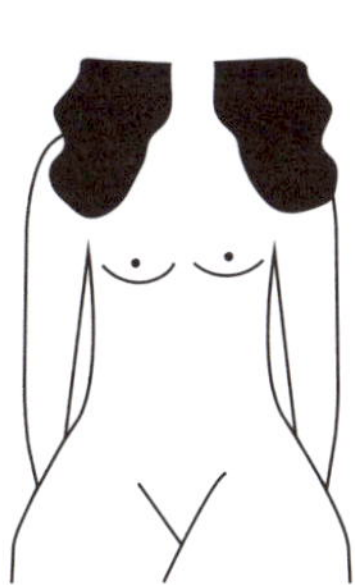

«Madre supercatólica, padre superliberal. Crecí en un entorno con una dualidad enorme. Soy una persona extremadamente sexual, y siento muchísimo toda esa represión en mi cuerpo y en mis relaciones. Nunca he tratado esto en terapia porque hasta eso me da vergüenza. Le he mentido a casi todas mis amigas de este tema y me atormenta un montón».

Grace | *23 años* | *mercadóloga*

«Crecí pensando que era responsabilidad de alguien más, que el placer era trabajo de la persona con quien estuviera. Ahora sé que yo tengo que hacerme responsable de mi placer».

Valeria Beckmann | *22 años* | *estudiante*

«Después de que un hombre se masturbó con mi mano a los cinco años, y otro hombre intentó violarme a los quince y me acosó hasta los 18, crecí creyendo que los hombres a mí no me amaban, que yo no merecía que alguien me tratara bien y me quisiera, que sólo era un juguete para los hombres y no merecía amor. Hasta que conocí a alguien a mis 22 años que me mostró que sí merezco ser amada y amar con toda el alma, que sí merezco que me traten bonito y que el sexo con amor y con respeto sí existe».

Perla Esmeralda Pulido | *27 años* | *financiera*

«Mi mamá de pequeña me decía: "cuida el tesorito", como si ese fuera mi único valor. Hasta que cumplí veinte años entendí que la virginidad no era mi valor como persona».

Shantel Mora | *24 años* | *maestra de ballet*

«Que la sexualidad es propia del matrimonio. Y pues a mis 31 años, soy virgen. No sé nada, jajaja».

Alejandra Reyes | *31 años* | *médico*

«Fue un camino no precisamente sencillo. De niño y durante toda la primera parte de mi adolescencia me llené de condenas y reproches para mí mismo en cuanto tuve nociones de ser gay. Resolví que jamás sería capaz de confrontar al mundo tal cual era. Por fortuna, el tiempo fue pasando y, con él, los miedos fueron siendo cada vez menos y cada vez más la emoción, la certeza y las ganas. Me fui descubriendo lo suficientemente entero y listo para abrazar mi deseo y para compartirlo con quienes estaban cerca. He logrado construir y permanecer en círculos de completa confianza, complicidad, respeto y cariño».

Jorge Medina | *35 años* | *diseñador gráfico e ilustrador*

«Crecí creyendo que era un pecado. Y honestamente creo que siempre crecí creyendo que no me pertenecía, que sólo era para entregársela a un hombre, a mi futuro esposo. "Entregar tu virginidad a tu esposo... es un regalo que le estás guardando... el mejor regalo", como si ya le perteneciera, ¿no? Es de él, pero la tienes tú. Se la estás guardando a él, para él. ¿Por qué nadie me dijo que era mía? Por eso cuando por fin "la entregas" sientes que esa parte tuya es de él, que "ahora me tengo que casar con él". Vaya error en la narrativa. No es un regalo que tienes y se va, no se la estás guardando a nadie, tu sexualidad es tuya y tu sexualidad eres tú. Sí, tu sexualidad puedes compartirla, pero siempre va a ser tuya. Eso no significa que comparto mi sexualidad con cualquiera, al contrario me he dado cuenta de que soy mucho más cuidadosa sobre a quién le entrego mi sexualidad, porque es algo que además de ser muy íntimo, es un intercambio de energía muy fuerte».

Sofía C. | *24 años*

«Creía que el número de personas con las que tenía relaciones sexuales definía quién era. Me hubiera gustado experimentar un poco más».

Sofía Llamas Sánchez | *25 años*

«Antes: dos personas, generalmente hombre y mujer, que son una pareja estable que se ama, hacen el amor y siempre es romántico. No está bien masturbarse ni mirar pornografía. La educación sexual es aprender a ponerse una toallita femenina cuando estoy menstruando. Ahora: mi sexualidad no tiene nada que ver con una pareja, sino con mi relación personal, con mi propia identidad, mi cuerpo, mi placer y mi capacidad de dar y recibir afecto. La masturbación es maravillosa cuando una tiene ganas y el cuerpo lo pide. La "pornografía feminista" es interesante, pero ya estoy en proceso de cuestionar que tan ética es. La educación para una sexualidad responsable debería ser obligatoria».

Bárbara Gómez Rainieri | *31 años* | *concierge de hotel*

«La sexualidad en mi familia siempre fue un tema tabú. Crecí rodeada de mujeres que me enseñaron sobre desamor, infidelidad, rechazo, miedo y desconfianza. El sexo apareció como tema, al tener mi primer novio, plasmado de inseguridad y abandono. Mi madre y mi abuela me decían que el sexo sólo te dejaba embarazada y sola, dejando de lado la exploración y el placer. Sin embargo, decidí que era yo quien lo experimentaría de otra manera. Al principio no me fue tan bien. La verdad es que las estructuras y construcciones sociales, la estigmatización y la culpa arraigadas no me dejaban disfrutar de mi sexualidad plenamente. Pasaron muchos años para que realmente empezara a conocer, de a poco, mi cuerpo y el placer sexual. Aún sigo trabajando en ello, tratando de respetar mi cuerpo y mis deseos».

Solange Valladares | *28 años* | *comunicadora audiovisual*

«Me criaron para creer que se permite tener sexo con cualquiera que te apasione sin importar su género y si tienes una relación con ellos o no. Siempre y cuando lo practiques de forma segura y sea recíproco. Afortunadamente, todavía vivo mi sexualidad con estas ideas con las que me crie».

Samantha Erikson | *29 años* | *modelo*

«Crecí en un ambiente familiar en el que no se acostumbraba a tocar la temática de la sexualidad. Aprendí de libros, historias y cuentos a despertar mis sensaciones físicas desde temprana edad. Descubrí el erotismo desde pequeña y disfrutaba mucho el roce con otra piel. Aprendí que era muy sensible y que me gustaba disfrutar el contacto. Tuve un despertar sexual maravilloso, acompañada de personas con las que compartí y disfruté mi vida erótica. Quizá en silencio, debido al ambiente conservador, y conforme fui creciendo aprendí a ser más congruente con mis deseos, con acercarme y pedir lo que yo requería, tomando iniciativa para comenzar el juego erótico. [...] Ahora después de haber padecido cáncer de mama, creo que amo más mi cuerpo, lo aprecio, lo disfruto. Me encanta aún el contacto con la piel de otra persona, disfrutar su aroma, sus caricias, sus palabras, los besos largos y profundos que para mí resultan una muestra de gran intimidad, acariciar el cuerpo del otro y el mío por completo, darme baños largos, admirar mi cuerpo, cuidar de él. Sentirme plena en mi vivencia erótica, con la seguridad de que el placer parte de apropiarme por completo de mi cuerpo y mi ser para llegar posteriormente a la intimidad conjunta; apreciar que la sexualidad compartida es la mejor forma de estar en contacto contigo a través del otro».

Claudia Hernández | *46 años* | *psicoterapeuta*

«Crecí con la idea de la sexualidad de una manera heteronormada y machista. La idea de que las mujeres tenemos que ser sumisas y estar al servicio del hombre. ¡Wow, los *plot twists* que me ha regalado la vida! Desde muy chica, no me sentía "normal", me daba pena estar con mis amigas sola, me daba pena mostrar afecto hacia ellas porque sabía que había un sentimiento que no tenía nombre, pero que al mismo tiempo se sentía cercano. Hoy vivo mi sexualidad abiertamente, porque no hay ningún sentimiento que me quiera avergonzar por ser *queer* y por vivir así mi sexualidad. Creo que el énfasis que tenemos que hacer es en la educación sexual y en el consentimiento, no en las preferencias sexuales ni en la identidad de género. Sobre todo creo que el sexo y la educación sexual debería de hacer énfasis en el orgasmo femenino y en el cuerpo de la mujer».

Joaquina Mertz | *26 años* | *cantante*

«Me enseñaron que la sexualidad y el sexo son "sagrados": muchísimo pudor y por consecuencia culpa, que siempre hay que estar bien tapadita [...]. Se hablaba mucho en la escuela (desde que iba en primero de primaria), como en mi casa (con mi mamá y mi papá) de la parte biológica y física de la sexualidad, pero nadie hablaba del placer».

Cris | *23 años* | *estudiante*

¿Con qué ideas creciste acerca de la sexualidad y cómo la vives ahora?

Este libro no está completo sin tu respuesta.

¿Qué has aprendido de
las rupturas del corazón
y cómo se curan?

• ¿Te rompieron el corazón o tú te lo rompiste? • ¿A dónde se fueron las mariposas en el estómago? • ¿A quién culpaste por lo que pasó? • ¿De qué forma te perdiste? • ¿Qué partes de ti no has podido recuperar? • ¿Se puede deshidratar el cuerpo de tanto llorar? • • ¿Cuántos litros de helado te comiste? • • ¿A cuántas personas les contaste la historia y cuántas veces la repasaste en tu cabeza? • ¿Qué canción escuchaste *on repeat*? • ¿Te cortaste el pelo? • ¿Ya te recuperaste del insomnio? • ¿Cuánto dinero gastaste en psicólogos, videntes, terapias, tiradas de tarot y cursos tratando de olvidar? • ¿Pudiste darle la vuelta a la página? •

• ¿Cuántos clavos tratando de sacar «al clavo»? • ¿Cuántas veces volviste al mismo lugar para «cerrar el ciclo»? • • ¿Cuántos besos y citas casuales tratando de olvidar a esa persona? • • ¿Qué hiciste con sus cosas? • ¿Quemaste sus cartas? • ¿Cuánto tiempo te tomó reencontrarte contigo y con quien eras antes? • ¿Cuántos shots de tequila llevaron su nombre? • ¿Cuántos mensajes y llamadas hubo en la madrugada? • ¿Cómo se olvida a alguien que un día fue todo? • ¿Dónde acomodas ahora el recuerdo de esa persona? • ¿Ves ahora lo que vino a enseñarte? • ¿Ya dejaste de buscar que alguien más te dé lo que tú no fuiste capaz de darte? •

ASHLEY:

Entender al corazón y sus razones ha sido material de estudio del arte, de la poesía y de la música desde siempre. Se convirtió en eje central de quiénes somos y cómo vemos la vida. Al final del día somos a quienes amamos y de quienes nos aman. Pero amar significa también amar el otro lado; creo que entre todos podríamos acordar que el hecho de perder un amor es de las cosas que más duelen en la vida.

Creo que cuando conocemos a alguien y decidimos abrirle nuestro corazón, esta persona planta pequeños ecosistemas en nosotros. Empieza poquito a poquito: una semilla, algunos árboles por los brazos. Cada beso, cada caricia, cada secreto compartido hace que este ecosistema crezca y se expanda. Le crecen raíces y ramas que se enredan por doquier. Estos ecosistemas van creciendo y ganando terreno. Crean partes en ti que antes no existían. Empiezan a vivir con tus memorias y tus formas, construyendo juntos lo que será un amor.

Con unos construimos junglas y sierras que corren por todo nuestro cuerpo que empiezan en lo más adentro de nuestro ser y terminan en nuestras costas. Con otros formamos jardines con plantas exóticas que no conocíamos. Algunos nos llenan de ríos las venas y otros son sólo pequeñas jardineras a la orilla de nuestras calles. El tipo de amor dependerá de lo que dejemos construir y de si nuestra tierra es lo suficientemente fértil.

Cuando esta persona se va, cuando el corazón se rompe, este ecosistema empieza a extinguirse. Muchas veces no por completo, pero lo que fue ya no es. Por eso nos duele tanto el pecho, porque dentro de nosotros algo muere. Algo que estaba tan vivo, que palpitaba al mismo ritmo que nuestro corazón, se modifica para nunca volver a ser el mismo.

¿Y qué he aprendido de las rupturas del corazón? Que duelen, y mucho. Que muchas veces el dolor del corazón es proporcional al amor que llegamos a sentir. Entonces no hay mucho que podamos hacer más que sentirlo. Y la mayoría de las veces yo sabía que esto estaba por pasar, que se acercaba en el horizonte un huracán, pero decidí no verlo, decidí creer que era una noche de lluvia y no un cambio entero de temporada. Que los pequeños susurros y señales que decidí ignorar eran en realidad un aviso del futuro cercano casi inevitable.

He aprendido a transformarme casi completamente para poder superarlos. Sólo así he podido renacer. He aprendido que los ecosistemas cambian y que yo necesito hacerlo con ellos. Si no, el cambio de temporada arrasaría con todo. Que la vida que conocía con ellos ha terminado. Que cambiarte el pelo y mudarte de casa es realmente el principio de una nueva vida que tiene que ocurrir y que quien fui en aquel entonces ya no existe.

LETY:

El corazón se rompe muy a pesar de nosotros. Me acuerdo cuando tenía 10 años y mi papá quería enseñarnos a Jaime y a mí a nadar en el mar. Pasábamos horas eternas brincando en las olas. A veces parecía alberca, a veces había olas medianas que nos arrastraban hasta la orilla. Otras veces estando desprevenidos, se dejaban venir las olas grandes. Y ahí pasaba algo parecido a lo que me pasó la primera vez que se rompió mi corazón. Sólo se siente adrenalina y miedo de no saber si puedo alcanzar la ola que viene, braceo desesperadamente para no hundirme. No importa cuánto quiera avanzar, después de algunos minutos una de esas olas grandes me jala por los pies y me sacude. Estoy perdida, no puedo respirar. Después de unos minutos, que se sienten eternos, por fin encuentro algo de oxígeno. Salgo a la luz, me limpio los ojos nada más para encontrarme con que viene otra ola y ésta es todavía más grande. Me vuelve a revolcar, no he podido siquiera pararme y ya estoy otra vez ahogándome. No sé dónde estoy. Me desespero, me duele el cuerpo, ya no quiero estar aquí. Me arrepiento de todo: de haberme metido, de haber dicho que sí, de no ver lo que venía. Tengo los oídos llenos de agua salada; el traje de baño, de arena. El pelo alborotado. Me quedo sin aliento. Soy puro miedo. Me juro a mí misma que esta es la última vez que me meto al mar.

Así tal cual se siente una ruptura. Pierdo mi norte. Lloro. Nada es lineal. El dolor va y viene. Las cosas se rompieron irremediablemente. Hay una parte de mí que parece que se quedó en algún lugar y que no puedo recuperar. Asisto todos los días al entierro de algo que no quiero que se muera. No pasa una vez, tengo que dejar ir una y mil veces. Los recuerdos. Las ilusiones. Los sueños. Una y otra vez. La canción que ya no es de nadie. Nuestro restaurante. Las memorias y recuerdos que nadie más comparte. Lloro. Su olor. Su piel. Su calorcito. Sus besos. Lloro. Lo extraño. Extraño todo, hasta lo que no me gustaba. Su ausencia se siente en todas partes. Las promesas que no cumplimos. Los planes que ya nadie sostiene. Quiero soltar, pero no sé cómo. Las piezas de la historia no encajan en mi cabeza. No me acuerdo de bañarme. ¿Estoy aquí? Lloro. Galaxias enteras que se sacudían y hoy camino entre el polvo. Lo que nunca será. Lloro. Me duele el corazón, físicamente me duele. No encuentro un principio o un final. Lloro. Me duelen partes de mí que no sabía que tenía. Un día me siento bien, otro no puedo ni respirar. Quiero empezar de cero. Vivir todo lo que no me permití en años. ¿Cómo se arranca el dolor? No me puedo parar de la cama. Me jode una y otra vez que me digan que todo pasa por algo y que el tiempo cura. Nadie sabe de lo que habla. Nadie siente mi dolor. Me repito una y otra vez nuestra historia. ¿Qué salió mal? El insomnio es interminable. Lloro. Lloro mientras camino. Lloro en la regadera. Lloro aun cuando no sé que estoy llorando. Quiero gritar. Tengo un nudo en mi garganta. ¿Alguien me escucha?

Mientras atravesaba todo ese dolor, mientras enterraba a esa persona y todo lo que no fue, no encontré palabras que pudieran consolarme. Cuando algo duele tanto, nuestro cuerpo entero está volcado en sobrevivir, lo que sea que eso signifique para cada quien. Todos vivimos las despedidas y rupturas del corazón de forma distinta. Con el paso del tiempo si nos permitimos vivir el dolor, sentir la tristeza y habitar el desamor, de manera casi invisible, se cuela la calma. Todo empieza a pasar, lo bueno y lo malo. Dejamos de buscar culpables afuera porque empezamos a entender el papel que jugamos en la historia y sobre todo las cosas que permitimos para llegar a este momento. Ya no hay buenas y malos en el cuento. Cada quien amó desde sus heridas. Y entonces empieza la parte más difícil: perdonar y perdonarte. Nos hacemos responsables y podemos ver que esto nunca se trató de alguien más: ésta era una lección de ti para ti, que necesitaba sólo de otra persona para hacerla evidente. Todo ese amor que llegaste a sentir habita en ti. Es necesario rendirte para poder ver que todo se acomoda donde tiene que ir y que el universo es mucho más sabio que tú. Toca abrazarte a ti y a tus tiempos sin juzgarlos. Dicen que los duelos no son lineales: damos unos pasitos hacia adelante y otros hacia atrás para volver a respirar y seguir como mejor podamos. Podría tomarnos días, meses o años, sentir todo eso para trascenderlo y no volver a repetirlo con alguien más. Cuida de tu herida y dale tiempo para que cicatrice. Sólo llenándote de amor y cuidándote puedes encontrarte. ¿Será igual que antes? Nunca. Las cicatrices cambian la forma de las cosas, las hacen más fuertes. Nos recuerdan, como dice Leonard Cohen, que hay algo roto en todos nosotros y que es justo por ahí donde entra la luz. Y así un día te despiertas, no sabes cuándo ni cómo pasó, pero de repente empiezas a creer de poquito otra vez porque aunque el tiempo no borra, sí acomoda.

Ahora que me acuerdo de aquellas olas, caigo en cuenta de que siempre pude salir. Unas veces sola, otras con ayuda de mi papá, otras el mar mismo me empujaba a la orilla y otras más salí sin saber cómo. Cada vez juré no volver, pero al día siguiente veía al mar con la misma ilusión. Y así de a poco le dejé de tener miedo. Aprendí que a pesar de ese mal rato, siempre valía la pena nadarlo. No existe tal cosa como un mar en calma. Al final, creo que lo que mi papá nos quería enseñar es que revolcarse es parte de la vida misma.¶

▪ ▪ ▪

Lety y Ash

«Día 87: Sigo sin poder dormir bien porque mis piernas aún pasan la noche buscándote. Queda muy poco de ti en el departamento. Los días se han pasado lento, sé que ya es verano por el calor que se cuela por la ventana del baño. El señor del puestito de la esquina preguntó por ti, ya veo que no soy la única que quiere saber dónde estás. Hace unos meses no me acordaba del camino de la cama a la oficina, y ahora hasta el foco de la sala he aprendido a cambiar. Me di cuenta de que tenía razón, que tu afán por hacerme sentir chiquita a tu lado era sólo una manera de sentirte importante. Regresé a las clases de baile, y a ver a Fer los jueves por la noche. Sólo la cafetera sabe cuánto te extraño, pero por primera vez puedo ver esa serie española que me gusta sin que cambies el canal. ¿Sabes? A lo mejor mi mamá tiene razón y perderte era la única forma de encontrarme».

Nicole Zignago

| *25 años* | *artista* |

«Que arden muy fuerte, pero por suerte hacemos costra y aunque no quisiéramos, toma tiempo. Que en el momento no concibes dolor más grande que ése. Que aprendes de ti. Que aprendes a elegir mejor. Que el mundo no se acaba. Que se curan con llanto salado, abrazos fuertes, pelis, canciones, tus amigos, más llanto y 3 tequilas».

■ ■ ■

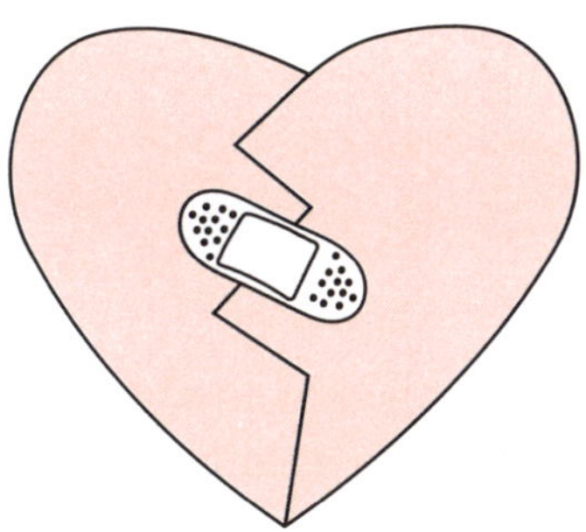

«Nos hemos inventado o diseñado cuentos tan bonitos, que la ruptura amorosa se cura con la verdad. Haciéndonos responsables de nuestros actos y aceptando que no podemos tener el control de todo, incluso de eso que ya nos imaginamos».

Kimberly Alvarado | *27 años* | *trabajadora social*

«Creo que lo más importante que he aprendido es que muchas veces somos nosotros mismos quienes nos rompemos el corazón, ya sea por idealizar a la otra persona, o por no querernos lo suficiente, y terminar aceptando estar con alguien que no nos ama».

Stephanie CH | *31 años* | *diseñadora*

«Aprendí que el amor no duele, lo que duele es el desamor. Que a veces esperamos que esa misma persona que nos dañó sea la misma que nos cure, pero no se puede. Se cura con amor y respeto hacia ti. El día que entiendas que tu pareja no está para llenar tus vacíos, que todo está en ti y siempre estuvo en ti, ese día empezarás a sanar».

Anónimo

«He aprendido que cada vez que me han roto el corazón, he salido más fuerte, más sabia, más empática; un poco más rota, pero más consciente. He tenido que aprender a desaprender. ¿Cómo lo curo? Con mucho tiempo, dedicación a mí misma y a mi crecimiento personal. Conectar con todo lo que me gustaba hacer y sentir, pero que descuidé. Descubriendo una vida nueva, la vida después del amor: que nunca desapareció, simplemente se transformó».

Ángela Aceves | *26 años* | *administradora*

«He aprendido que a veces eres tú el que sufre y otras, el que hace sufrir. No hay que juzgar a nadie porque eso sería tener que juzgarte a ti mismo en otras relaciones. También he aprendido que así como eres en una relación, no tienes por qué ser igual en las demás. Y que de todas ellas sacas aprendizaje que intentas no volver a repetir».

Ana Sánchez | *22 años*

«Que hay que vivirlas. Un corazón roto se vive y se llora, toma su tiempo en sanar y hay que aprender a respetar esos tiempos, no querer apresurarlos».

Carol Urrutia | *27 años* | *mercadóloga*

«Que siempre terminan: ese dolor que parece que nunca se irá, que te parte en dos y no te deja respirar; se va a ir mañana. Y volverás a amar, y volverás a confiar. Porque no te quitan el corazón, sólo te lo rompen, se repara y estará más fuerte».

Cecilia Gallardo | *24 años* | *licenciada en Comercialización*

«Que por más dolorosas que sean hay una gran lección detrás de ellas. Es posible curarlas cuando me hago responsable del daño que yo también ocasioné. Lo más importante es que el corazón siempre será lo suficientemente fuerte para volver a creer en el amor, sólo hay que darle esa oportunidad».

Óscar González | *23 años* | *asistente de dirección*

«Lo más importante que he aprendido sobre las rupturas de corazón es que siempre esa ruptura es causada por las expectativas que tenía sobre mi pareja. Expectativas muy altas sobre qué debía o no hacer. Y también, he aprendido que realmente era yo misma la que me rompía el corazón. En realidad soy yo la responsable de dónde pongo mi corazón y cuánto poder le doy a esa persona. También, he aprendido que cuando actúo desde el miedo, o tomo decisiones basadas en él, es cuando me "rompo" el corazón. Es cuando actúo desde el amor que mi corazón sana».

Aimee Carrillo | *26 años* | *maestra*

«No creo que se curen, se aprenden de ellas para llevar una mejor relación posterior. Se trascienden. He aprendido que con cada ruptura amo mejor».

Laura Martínez | *36 años* | *emprendedora*

«He aprendido que duelen en todo el cuerpo, hasta que un día sólo queda el recuerdo del dolor. Eventualmente deja de doler, y de repente, pasa un día en que no lo pensaste, y descubres que fue un buen día. He aprendido que lo que cura es sacar todas las emociones y las palabras retenidas, aunque nadie las escuche, y dejar que el tiempo se las lleve».

Moni Lozano H. | *25 años* | *nutrióloga*

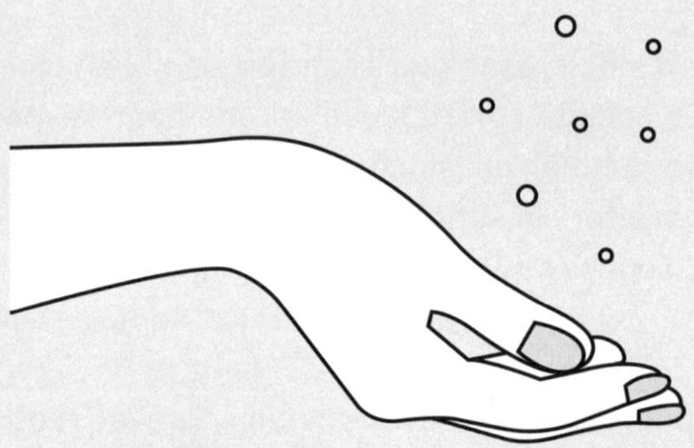

«Después de una relación de mucho tiempo, puedo decir que las rupturas del corazón me las hice a mí misma. Entendí que mi pareja no era buena ni mala; que yo era perfecta, perfecta para sanarme y aprender de mí misma para evolucionar. Si pudiera decirle a una persona un consejo, cuando atraviesa una ruptura, sería esta frase que me hizo entender muchas cosas: "tárdate el tiempo que quieras, pero tu corazón sabe dónde ya no es". Esa frase aplica para cualquier situación, porque todas las decisiones que se toman desde el amor siempre traen paz».

Anaí García | *25 años* | *maestra*

«Aprendí que lo que dice Sabines es la clave para sanar del mal de amor: "tiempo, abstinencia y soledad". Tiempo al tiempo para sanar... todo llega, todo acaba, todo termina por volverse pasado. Abstinencia, porque estando lejos tienes la distancia exacta para mirar al otro, desde otro punto: el real, el verdadero; y soledad, porque ahí es donde te enfrentas a lo que realmente te duele y sólo ahí, contigo, eres capaz de hablarte sinceramente, ser muy franca y decirte todo aquello que necesitas escuchar y que nadie te va a decir, más que tú».

Gabriela Soberón | *34 años* | *licenciada en Comunicación*

«Que los amores son como las estrellas fugaces, algunos mágicos e intensos, otros muy rápidos, pero de seguro de todos se aprende. Los corazones rotos se curan dejando salir todo a raudales, llorando y viviendo todo ese dolor».

Diana Fernanda Rojas Chacón | *23 años* | *periodista*

«Aprendí que tengo una capacidad inmensa para dar amor y que lo mucho que dolió es equivalente a lo mucho que lo amé. Pero aprendí también que el tiempo de esa relación había vencido, que ya no había más que él me pudiera enseñar ni más que yo pudiera aportarle, que no estábamos caminando en la misma dirección. Una vez que entendí que estar en esa relación no me hacía bien y que tenía que ponerme a mí como prioridad, pude ver que no tenía otra opción más que dejarlo ir».

Celia Cazarez | *30 años* | *abogada*

«Que si no aprendes de esa relación, si no analizas qué fue lo que pasó, y haces trabajo interno para atender tu parte, la siguiente ruptura va a ser peor. Que es mejor estar a solas para hacer este trabajo que luego luego brincar a la siguiente relación. ¿Cómo se cura? Haciéndote responsable de lo que vives, de lo que creas; uno es quien toma decisiones y decide vivirlas, uno siempre sabe que algo no funciona, pero decide no verlo, las señales están ahí siempre».

Anónimo

«La única salida es viviéndolo, debes sentir tus emociones para poder digerirlas. Necesitas sentir el dolor para curarte de él. No tendrás todas las respuestas que quieres, ni entenderás por qué las cosas sucedieron de cierta manera, aprenderás a vivir con tus dudas y el dolor de tu corazón eventualmente se curará».

Paloma Alcázar | *18 años* | *estudiante*

«Mientras más nos empeñamos en enterrar a esa persona que nos rompió el corazón, más lento será nuestro proceso de sanación. Se curan enfrentando todo sentimiento negativo o de dolor, abrazándolo y no tratando de escapar o pasar página cuando en el fondo no lo sentimos así».

Thais | *29 años* | *aeromoza*

«El tiempo lo cura todo. Pero lo que no nos dicen es que tenemos que hacer cosas con ese tiempo: introspección, terapia, amor propio, meditación, escribir y hablar».

Mariana Gaxiola | *26 años* | *redactora*

«No creo que exista una fórmula secreta, cada persona encuentra lo que la hace sentir mejor. Pero lo que sí creo es que primero hay que amarnos y valorarnos a nosotros mismos. Porque si no estamos acostumbrados a recibir amor y cariño de nosotros, ¿por qué lo esperaríamos de alguien más? Ámate, crece y desarróllate como ser humano. Cumple tus sueños, logra tus metas y verás que en el camino encontrarás a esa persona que te querrá acompañar toda la vida. Y esa persona serás tú».

Miroslava Garibay | *23 años* | *maestra de piano*

«He aprendido que cada historia se entrelaza en nuestra vida para hacernos crecer de formas que no imaginábamos antes. Atraemos lo que somos y lo que pensamos, somos cocreadores de nuestra realidad. En este universo las casualidades no existen, existen almas que hacen contratos para unirse y después despedirse».

Karen Meléndez García | *29 años* | *empresaria*

«Aprendí que para que haya un daño, a tal grado que te marque, es porque tú también permitiste que ese daño pasara, que lo que debe quedar como lección aprendida es lo que no queremos volver a vivir y, sobre todo, no temer a ser tú, a ser pleno y auténtico. Bien dicen que el tiempo lo cura todo, tarda; pero perdonarte por aquello que permitiste, te coloca más cerca de la sanación. Cometemos errores, y dejar de victimizarse te lleva a estar más consciente del daño y qué tanto dejas que te arrastre. Me han roto el corazón desde mi juventud, pero con el paso del tiempo decidí no dejarme vencer... viví desde una maternidad sola, hasta un abuso mental de alguien que juraba era mi hombre ideal. El querer salir adelante es clave».

Susana Flores Rosas | *34 años* | *gerente*

«Que el tiempo de verdad cicatriza heridas. Que no hay olvido si no hay perdón, pero primero perdónate a ti mismo y luego al otro».

Karina PG

«Experimentar una ruptura de una relación sana es diferente. No se siente como la angustia que te muestran en las películas. Es un acuerdo silencioso y un proceso de duelo, en el que la vida trata de mostrarte que el dolor no tiene que ver con el hecho de que hiciste algo malo al romper la relación. En esta ruptura, respetas la conexión profunda y te das cuenta de que no eran ataduras. Los recuerdos se convierten en fotografías en blanco y negro, donde el color se ha agotado, pero te sientes agradecido de haber experimentado tal amor. Éste es un amor que te limpia y te acerca a tu hogar, que siempre está dentro de ti. Me permito extrañar a esa persona. Incluso lo digo en voz alta: "hola, te extraño, espero que estés sano y seas amado. Te libero". Creo que cada persona necesita seguir su propio camino por un tiempo, y que si la vida te guía de regreso como amigos, que así sea. Creo en desconectarte por completo de la persona mientras cada uno vive su duelo».

Alejandra Avina | *27 años*

«Algo que rompió mi corazón fue la muerte de mi papá. Aquí les va lo que aprendí: Superar no es olvidar; no tengas miedo de dejar ir, su recuerdo siempre va a vivir en tu corazón. Nada es para siempre: ni las personas, ni ese peso en tu corazón; nadie puede devolverte a esa persona, pero sí vas a recuperar la paz que tu corazón anhela. Todo pasa: con el tiempo, tus heridas se van a hacer cicatrices que ayuden e inspiren a otras personas; cuando una nueva batalla venga, vas a tener las fuerzas suficientes para enfrentarla. Se vale llorar: no importa cuántos años hayan pasado, las lágrimas purifican el alma. No dar nada por hecho: haz sentir amadas a las personas como si fuera tu última oportunidad. Ser agradecidos: es la clave de la felicidad. El sol sigue saliendo: la persona no se llevó tu propia vida... ¡tu vida sigue! [...] La vida es injusta y difícil. A pesar de lo anterior, la vida es linda. Y lo que un día pareció el fin del mundo, sólo es el comienzo de una nueva etapa en la cual tienes derecho a ser feliz».

Natalia Telles | *24 años* | *estudiante*

«¿Cómo se cura? Aprender a aceptar la realidad tal cual es, dejar de culparte y culpar al otro, nos relacionamos por resonancia y había algo que debíamos sanar con el otro. Responsabilidad y aceptación que toda relación es 50 y 50 y perdonarte».

Romina Alcantar | *36 años* | *terapeuta transpersonal*

«Que todo ese amor que es motor y cable a tierra; ese amor que me constituye y permite vivir con más ligereza; ese amor al que me puedo llegar a aferrar hasta con el último aliento... ese amor habita dentro de mí. El dolor más grande viene del miedo a no ser vista, y a veces en el proceso de intentar serlo, nos olvidamos que las primeras en vernos debemos ser nosotras mismas. Pasé gran parte de mi vida creyendo que la única manera de sentirme anclada y completa era a través del amor romántico. El día que comencé a autoabrazarme, me di cuenta de que dentro de mí existe una fuente de amor infinito esperando ser redirigida».

Rebeca Vega Chiriboga | *22 años* | *estudiante*

«Las rupturas (divorcio reciente) nos enseñan nuestras fallas, a hacernos responsables de nuestras acciones y a aceptar que no siempre las cosas son como planeamos. Se curan viviéndolas, llorándolas, hablándoles desde el miedo, el enojo, la pena, la esperanza; y finalmente con el amor, el agradecimiento y la paz que llega cuando menos nos damos cuenta. Tiempo al tiempo».

Tere Ramírez | *40 años* | *Servicio al cliente*

«Sinceramente pienso que cuando te rompen el corazón se te abre una posibilidad enorme para una transformación. Con el tiempo he llegado a ver cada una de mis rupturas como lecciones. Lecciones que me motivan a querer trabajar en mí y en mi selección de pareja. Cuando me di la oportunidad de diseñar mis gustos y límites, el miedo a volver a enamorarme se desvaneció. Tener la certeza de lo que va conmigo y saber honrarlo, me ha llevado a sanar. La sanación consiste en entender que hiciste lo mejor que pudiste en aquella situación, y que las cosas mejorarán a tu favor. Es muy importante no perder la esperanza de que estás justamente donde tienes que estar para llegar a tu misión de vida. La vida te va quitando lo que no necesitas. Cuando sigues a tu corazón, le abres la puerta a los milagros».

María Fernanda Serrano | *20 años* | *estudiante*

«Que no hay respuesta correcta, que la culpa de una ruptura es compartida. Si algo no funcionó es porque de ambos lados había algo, algo que no se decía, algo que se hacía o se dejaba de hacer, pero siempre hay que pensar qué hice yo bien y qué mal, para poder aprender de esa situación y mejorar en mis futuras relaciones».

ISN | *24 años* | *asesor administrativo*

«Han sido mis maestros más grandes. He aprendido que no podemos salvar a nadie más que a nosotros, que siempre es mejor decir la verdad [...], que siempre vale la pena enamorarse, aunque dure un segundo o para toda la vida».

Simona García Fortes | *21 años* | *estudiante*

«De las rupturas he aprendido, sobre todo, que es un momento caótico. El caos, amigo momentáneo. Podemos pensar en la ruptura como si fuera una grieta en el centro de nuestro cuerpo; al final la grieta acaba cerrando, la cerramos o nos ayudan; en el mejor de los casos, la grieta tiene un poco de tierra y al pasar poco tiempo, adentro crece un jardín. Todo pasa».

Astrid Lorena | *22 años* | *licenciada en Artes escénicas*

«Son duras y a veces te hacen tocar fondo. No existe un remedio o un consejo, creo que es el duelo más difícil de llevar porque esa persona sigue viva, pero no en tu vida. El tiempo para ti y para las cosas que descuidaste son la mejor cura».

Perla Bedolla | *21 años* | *estudiante*

«Los corazones rotos son parte inevitable de la vida. Antes me sentía culpable por las veces en las que me habían roto el corazón, pensaba que podría haber sido menos ingenua, más cautelosa, tener más muros arriba. Con el paso del tiempo entendí que los corazones rotos son porque la otra persona me importa, y la única manera de evitarlos es amando de manera distinta, quizá más lejana y un poco más premeditada. En mi caso, yo he decidido que yo no puedo y no quiero amar a cuentagotas, y que cuando se ama con mucha fuerza, sinceridad y vulnerabilidad, existe la posibilidad de que te rompan el corazón. Para mí, ése es un precio justo a pagar, cuando también existe la posibilidad de estar con alguien que sepa reflejar ese amor tan mágico que soy capaz de dar».

Andrea Rodríguez | *22 años*

¿Qué has aprendido de las rupturas del corazón y cómo se curan?

Este libro no está completo sin tu respuesta.

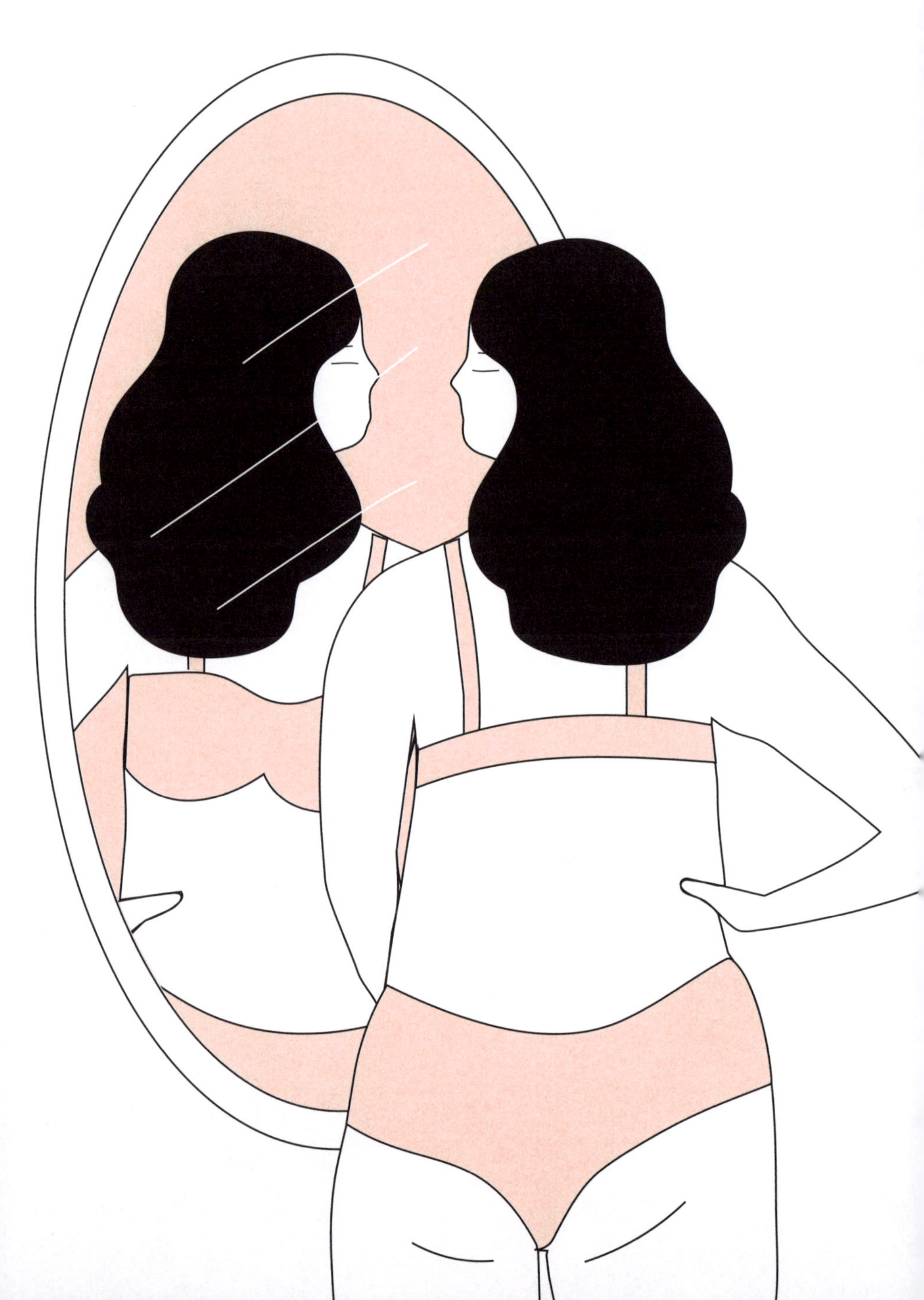

¿Qué le has hecho a tu cuerpo para cumplir con un estereotipo de belleza? ¿Lograste hacer las paces con él?

• ¿Cuántos kilos has subido y bajado buscando el cuerpo de la portada de aquella revista? • ¿Te inscribiste al gym tratando de comprar amor propio? • • ¿Cuántos *detox* llevas? • ¿Pasaste por el apio, los tés «mágicos», la cuenta de calorías, el ayuno, las colaciones, cero azúcar, puras grasas y otras leyendas urbanas? • ¿Qué tamaño de copa le pediste al cirujano? • ¿Cuántas jeringas de bótox para esconder tu edad? • • ¿Compraste ese *outfit* creyendo que algún día te iba a quedar? • ¿Quién era la artista con la que comparabas tu cuerpo? • • ¿Qué palabras usas para hablar de él? • • ¿Qué parte de tu cuerpo querías cambiar por la de alguien más? •

• ¿Cuándo fue la última vez que escuchaste a tu cuerpo? • ¿Qué necesita realmente? • ¿Cuántas veces lo llevaste al límite, empujándolo a cosas que no eran sanas? • ¿Cuántas capas de ropa usaste en invierno para esconderlo? • • ¿Cuántas veces te alisaste el pelo queriendo aplacar tus chinos? • ¿Qué creíste que iba a cambiar cuando tuvieras el cuerpo perfecto? • ¿Has podido agradecerle a tu cuerpo todo lo que hace por ti? • ¿Aceptas cómo te ves? • ¿Quieres que alguien más ame tu cuerpo, si tú no lo has hecho? • • ¿Has aprendido a cuidarlo, respetarlo, alimentarlo, amarlo y vestirlo de acuerdo con lo que mereces? •

LETY:

Durante años compré cada uno de los mensajes de nuestra cultura, enferma de belleza. Pasé años enteros peleándome con lo que veía en el espejo porque nunca se veía como la portada de la revista. No fue una decisión consciente. No me desperté un día y entonces elegí odiarme, fue más como algo que iba pasando sin darme cuenta. Hasta que un día quise cambiarme y estaba dispuesta a hacer lo que fuera para conseguirlo. Según lo que veía sólo una mujer con ciertas características merece la felicidad, y yo quería ser feliz.

El mensaje para mi cuerpo era claro: «no me gustas, quiero cambiarte»; otro abdomen, otras medidas, otra altura, otras piernas, otra edad, otros dientes, otro color. Así pasé más de veinte años en la única vida en la que voy a tener este cuerpo y, ¿saben qué? Me cansé. Me cansé de odiarme y de quererme ver como alguien más. Me cansé de gastar tanto dinero, tiempo y energía en querer cambiarme. Me cansé de seguir cuentas en redes sociales que sólo me hacían sentir mal acerca de quién soy. Me cansé de comprar revistas. Me cansé de tratarme así. Me cansé de los nutriólogos y las incontables dietas. Me cansé de pesarme, leer etiquetas y contar calorías. Me cansé de sentirme culpable cada vez que comía. Me cansé de esconderme en una toalla. Me cansé de juzgarme. Me cansé de estar siempre en conversaciones con amigas que hablan de quién enflacó, qué dieta funcionaba, como si esto fuera lo más importante que unas mujeres juntas pudiéramos hablar. Me cansé de escucharme pronunciar las palabras más dolorosas en el diálogo que tenía con mi propio cuerpo. Me cansé de preocuparme si me salía cualquier mancha, arruga, celulitis o estría en la piel. Me cansé de vivir con miedo. Me cansé de comprar el cuento de que importa más cómo me veo que quién soy como ser humano. ESTABA AGOTADA de formar parte de este sistema que tanto daño nos ha hecho, que se roba vidas figurativa y literalmente a diario.

Se nos ha enseñado de todo menos cómo amarnos. Hacerlo se ha vuelto casi un acto de rebelión. Si cada mujer en este mundo se despierta hoy y dice: «me gusta lo que veo en el espejo, me amo así, no necesito nada más», industrias billonarias completas colapsarían en un segundo. Entonces, ¿cómo le hacen para batir sus récords de ventas cada año? Haciéndonos creer que siempre nos hace falta algo para ser merecedoras y felices. Que así como somos no es suficiente.

¿No estamos agotados de comprar estereotipos de belleza que no nos representan? ¿De idolatrar a personas por cómo se ven por fuera en lugar de quiénes son por dentro? ¿De vivir con vergüenza tratando de esconder quiénes somos en realidad? ¿Cuánta energía, tiempo y dinero estamos dispuestas a seguir gastando para comprar una idea de felicidad que no existe? Aunque ahora lo quieran disfrazar como *body positivity*, invitándonos a que abracemos la belleza de todos los cuerpos y formas, lo preocupante para mí es lo que hay de fondo: seguimos hablando del físico de las mujeres como si fuera lo más importante que tenemos, como si nos definiera como seres humanos y nos hiciera más o menos valiosas.

Para mí se acabó, hay que hacer un cambio radical y casi revolucionario si queremos que esto termine. Empieza por una misma: al hacer una pausa definitiva en el consumo de estos mensajes. Al dejar de hablar del cuerpo de otras mujeres y juzgarlas. Al dejar de compararnos. Al decidir amarnos radicalmente y usar las mismas palabras y miradas que daríamos a alguien que amamos incondicionalmente. Al decidir dejar este juego, porque si nadie lo juega, desaparece. Al escuchar y agradecer a nuestro cuerpo por todos los lugares a donde nos lleva: dejarnos abrazar, sentir, besar, ver, probar, oler, bailar y experimentar la vida. Para que lo único que pesemos de ahora en adelante sean nuestras memorias, experiencias, aprendizajes, sueños y amores. Para que las conversaciones entre amigas sean para enriquecer, aprender de las vidas y profesiones de las unas y las otras. Que aprendamos a decirles a las niñas que lo importante es quiénes son y con qué sueñan. Que amarnos sea nuestra revolución.

ASHLEY:

En un diario que encontré hace algunos años, en la cajita de recuerdos que tenía en casa de mi papá, decía lo siguiente: «Pude bajar algunos kilos durante el campamento, ahora peso 34, mi meta es llegar a 30». Esta fue la primera vez que escribía sobre mi peso en un diario, tenía 9 años y estaba en tercero de primaria. ¿Qué me hizo creer que a esa edad en lugar de preocuparme por jugar tenía que preocuparme por mi cuerpo? No lo sé, me duele pensar en esa Ash que fui.

Empecemos por la adolescencia. Todo. Dieta que has escuchado, yo la he hecho: piña por días, *detox* de jugos, licuado de fresas con leche, mesoterapia, *shocks* en el estómago, masajes reductivos, *weight watchers*, keto... todo. Creo que de mis once a mis veinte años probé de todo para tener el cuerpo que la gente cercana a mí, ya sea por sus estándares de belleza o por su ignorancia, quería y decían que necesitaba. Ese cuerpo nunca llegó. Literal, nunca. No hubo nada que hiciera que me llevara a tener ese cuerpo, nada que me hiciera sentir más cómoda, nada que me hiciera dejar de pensar en eso. Me creí lo que me dijeron, que siendo flaca sería más feliz, y así viví durante años.

Cuando me mudé a Italia a finales del 2008 fue la primera vez que pude comer sin que alguien me observara. Sin que alguien me dijera qué me tocaba comer o sin que mi comida fuera siempre diferente a la de mis hermanos. Era la primera vez que tenía dinero y podía irme a comprar una pizza, comérmela en la plaza enfrente de millones de extraños y que nadie me dijera nada.

Decidí que como mi cuerpo no podía cambiar y no se veía como el 95 por ciento de los cuerpos que me rodeaban (no era como el cuerpo de mi mamá o el de Chelsea), entonces necesitaba ser ignorado. En un intento desesperado de que a lo mejor, si lo ignoraba, podría desaparecer. La preocupación por mi cuerpo y mi peso pasó a un completo desinterés, a ser olvidado en todos los aspectos. La apatía reinó sobre este cuerpo durante más de diez años. Mi intento de poder habitarme en paz, desapareció.

Y así fue durante mis veintes. No le presté atención a mi cuerpo, no lo escuché. No lo vestí como se merecía, no tomaba vitaminas ni medicinas. No me compré joyería o cosas para que mi pelo estuviera más sano. No me tomé ni dejé que me tomaran fotos. Decidí que era más que un cuerpo y que dedicaría todo el esfuerzo en otras cosas, en estudiar, en dejar la ciudad en la que crecí, en viajar, en leer y en llenar mi cerebro de conocimiento. Decidí que mi cuerpo merecía el cuidado mínimo e indispensable porque era poco merecedor de cualquier cosa.

Años después empecé una relación con un hombre maravilloso que cambió mi vida. Quisiera decir que fue gracias a mí y a mi trabajo que he podido superar esto, pero es gracias a él. Gracias a Gui pude entonces ver mi cuerpo. No existió día, mañana, regadera juntos que no me dijera cuánto lo amaba. Él sólo quería darme besitos por todos lados, sin importar si tenía kilos de más. En su mente mi cuerpo era bello, digno. No entendió nunca la vergüenza y preocupación que yo sentía. Lo que yo veía en el espejo no era lo mismo que él veía. Fue la primera vez que vi a alguien amar mi cuerpo por mí, porque yo no podía. Y aquí es cuando mi vida cambió.

Entonces aprender a amar mi cuerpo ha sido reconocerlo y enfocarme en él. Es hasta los últimos años que he podido verlo, observarlo, hacerme sentirme merecedora de ropa y de poder salir a la calle sin esconderlo. El camino parece eterno y todavía lejano. Fue hasta este verano que después de quince años pude usar un bikini. Fue hasta estos últimos años que usé jeans a la cadera y blusas sin mangas. Fue hasta hace poco que entendí que sí, que en realidad soy más que un cuerpo. Lo que me dijeron de chica, no era más que un reflejo de una mentalidad que destruye autoestimas y llena de vergüenza la vida de quienes nacemos con un cuerpo distinto. También entendí que este cuerpo es hermoso y poderoso. Que me ha llevado por todo el mundo, que he podido hacer el amor con él, sentir orgasmos, reírme hasta que me duela la barriga y tener los ojos que decía mi abuelo eran como el mar. Que este cuerpo abraza fuerte. Que si mi cuerpo le incomoda a alguien es más su problema que el mío. Que merezco ocupar el espacio que quiera y necesite. Que perdono a mis papás y a todos los que pensaron que sería más feliz con un cuerpo más delgado.

Doy gracias a todas las mujeres que me ayudaron a poder hoy sentirme un poco más cómoda con mi cuerpo, ustedes saben quiénes son. A mi cuerpo: quisiera decirle lo siento. Mereces toda mi atención, todos mis cuidados, de ahora en adelante encontraré formas en donde podamos ambos vivir más en paz, más en comunión, menos como enemigos. No quiero ser un tornado para mi cuerpo que arrasa con todo a su paso, quiero ser más como un viento que refresca en la cara. ¶

■ ■ ■

Zazil Abraham

| *31 años* | *escritora* |

«Durante muchos años me sometí a dietas restrictivas para perder peso: tomé pastillas, me coloqué vendas, inyecciones, entrené excesivamente, me privé de comer alimentos que disfruto y me atasqué de "comida saludable", que no se me antojaba en ese momento, sólo porque estaba "permitida" y no "engordaba". Me comparaba constantemente con fotos de mujeres delgadas, e incluso ponía una serie de esas fotos en forma de diapositivas en la caminadora para verlas mientras corría por casi dos horas. Creo que el daño de todo esto fue más mental y emocional que físico; dañó algunas de mis relaciones personales, me aisló, me hizo juzgar mi cuerpo y el de otras mujeres. Afortunadamente, sí logré hacer las paces con él alrededor de los 27 años. Lo logré de tal forma que ahora me dedico a dar charlas y talleres sobre el tema, y publiqué mi primer libro abordando puntos como confianza corporal, cultura de las dietas y alimentación intuitiva. La percepción distorsionada que tenía de mi cuerpo y la belleza me causó mucho dolor, pero también me regaló uno de los propósitos más grandes de mi vida: compartir mi historia e inspirar a que otras mujeres amen y cuiden su cuerpo».

Jimena Frontera

| *27 años* | *actriz y conductora* |

«Lo primero que pienso cuando leo esta pregunta es: ¿qué no le he hecho a mi cuerpo para cumplir con un estereotipo? A los trece años decidí que mis piernas eran demasiado grandes... y para mí fue como declararme la guerra. Pasé por muchísimas dietas, una más ridícula y falsamente "milagrosa" que la otra. Y siempre terminaban de la misma manera: atracón. A eso le seguía el *autobullying*: "Sos horrible, me das asco". Lo loco de esta enfermedad/obsesión es que uno siempre encuentra distintas formas de seguir persiguiendo ese ideal, pensando que te va a traer felicidad, pero sólo te daña y te hunde cada vez más. Pasé por incontables consultorios de estética. Mentí para no ir a reuniones donde había comida. Pasé tardes enteras llorando después de pesarme. Todo eso y más le hice a mi cuerpo para lograr encasillarlo dentro del estándar de belleza. Pero hoy desperté y le quiero pedir perdón: le pido perdón a mi cuerpo por no haber valorado todo lo que hace por mí, por haberlo comparado con el de otras mujeres, por decirle que no era suficiente y por haberme olvidado de que es hermoso. [...] Fue sólo después de estos sinceros perdones que pude hacer las paces con él. Ni la más exitosa dieta, ni el más revolucionario tratamiento hubiese podido darme la paz y el amor que hoy siento por mí. Porque cuando perseguimos un ideal, nunca es suficiente para estar conformes. No importa cuán "espléndida" te vean, uno siempre encuentra un defecto. En cambio el amor propio lo puede todo, porque ya no vales por una forma, un volumen, una curva... Vales por quien realmente sos y sos MUCHO MÁS QUE UN CUERPO».

■ ■ ■

«Cada día hago las paces con él de diferente forma. A veces es muy fácil porque despierto feliz y positiva, pero muchas otras veces no. Me ayuda mucho pensar que es mío, me lleva a todos lados, me guarda y me sostiene todo el tiempo, entonces merece ser querido».

Fernanda Salazar | *19 años* | *estudiante*

«Hace unos años hice las paces con mi cuerpo, entendí que mi proceso es diferente al de las demás y que cada cuerpo es distinto. Debo aceptar lo que no puedo cambiar y si puedo cambiarlo, ¡va! Pero nunca desde el sufrimiento o castigo, siempre desde una visión de amor propio; hacer las cosas por mí y no por cómo los demás me verán. Mi cuerpo es mi hogar y voy a habitarlo siempre».

Claudia Valdez | *psicóloga*

«Ignorarlo, ignorar que ése era mi cuerpo, lo tapaba con sudaderas grandes, comiendo mal, engañándome que ése no era mi cuerpo. Gracias a Se Regalan Dudas salí de las sudaderas, salí de los estereotipos, empecé a comer mejor, a perdonarme, a soltar todo lo malo, a hacer ejercicio; pero para mí, no para los demás. No necesito la aprobación de nadie, más que de mí».

Nicole Zenit | *21 años* | *estudiante*

«Lo he maldecido, he deseado estar en otra piel, tener más grande aquí o más chico allá, me he matado con dietas y gym. Aún no hago las paces del todo, pero trabajo en ello. Aprendí que la respuesta está dentro de mí y no importa cómo me vea por fuera si por dentro no me quiero. Sin amor propio nunca estaré satisfecha».

Cecilia Gallardo | *24 años* | *licenciada en Comercialización*

«Una vez tuve un ataque de ansiedad donde me arañé la cara intentando quitarme el acné. Con el tiempo aprendí que no tiene nada de malo tener acné, comencé a querer así a mi cara».

Hannie Rodríguez | *18 años* | *estudiante*

«Meterme un sinfín de pastillas y suplementos que lo único que provocaron fue un descontrol hormonal, dejar de reglar por meses, y todo esto para poder encajar en un círculo social en el cual me di cuenta de que todo se basaba en tener el mejor cuerpo; era una competencia».

Mayra Sandoval | *30 años* | *estudiante y empleada*

«Primero desde muy chica me depilé, tengo muchas pecas y averigüé cómo sacármelas, hay una operación láser. Averigüé cómo hacer más pequeños mis labios vaginales porque no me parecían similares a los que veía en el porno, bajé de peso, comí poco, me maté en el gimnasio para verme "mejor" [...], comencé a hacer las paces de a poco, por partes del cuerpo diría yo, hasta lo que más me costó que fueron mis piernas y mi vagina. Me di cuenta de la diversidad que hay en el mundo y de lo valioso que es sentirse cómodo con uno mismo, conocí gente que se sentía cómoda y que no cumplía ningún estándar de belleza, y me parecía maravillosa y entendí que en esa confianza veía yo la belleza; lo empecé a aplicar y hoy me cuesta mucho pensar como pensaba antes».

Lara Pombo

«He luchado con mi cuerpo, por los estereotipos, con dietas desde los 4 años. He pasado por bulimia, anorexia y cero ejercicio; temporadas donde entrenaba hasta 8 horas diarias y haciendo todas las dietas del mundo; usando fajas que dañaron severamente mi cuerpo porque siempre era la gordita, la choncha, la robusta. Cuando decidí ser consciente de qué le estaba dando a mi cuerpo, tomar acción y atender eso que me hacía comer y engordar así, la vida me cambió [...]. Ahora sigo todavía con unos kilos extras, según lo marca mi índice de masa corporal, pero me veo saludable, me siento increíble, desaparecieron los problemas de salud, de alergias, tengo mucha energía, me siento sexy».

Carolina Rb | *35 años* | *diseñadora independiente*

«Sé que no me debería de quejar, porque cada vez que lo he hecho se burlan de mí y me dicen que no tengo idea de lo "suertuda" que soy. Yo siempre he sido flaca, pero exageradamente flaca. No importa cuánto coma, nunca he podido tener curvas, ni ser lo que se considera "sexy". Soy completamente plana por delante y por atrás. Tengo 34 años pero vivo en el cuerpo de una niña de doce. Nunca me he puesto ropa ajustada por lo mismo. Yo sé que todos buscan pesar menos, yo daría lo que fuera para pesar más».

Anónimo

«A mi cuerpo lo destruí y lo "reconstruí" cuando sané parte de los abusos y de los miedos con los que crecí. Hoy me amo, abrazo todas las cicatrices y sigo trabajando».

Verónica Ancira | *36 años* | *lo que vaya naciendo de mi entraña*

«La verdad es que ya lo intenté todo. He descubierto que nada de esto lo hubiera logrado sin el cúmulo de odio hacia él. Lo he declarado el culpable de todo: de mi inseguridad, de mis miedos, de mis penas y de estar o no soltera. Lo he odiado por ser reconocida y vista únicamente por él, me ha fastidiado que ha sido el protagonista mil y un veces en encuentros con alguien más, que ha sido la atención máxima y se ha robado mis ganas de ser genuinamente escuchada, de compartir, compartirme, de ver a los ojos, de estar, de ser vista por algo más que él. Comentarios como "estás buenísima" o "chidísima" nunca fueron algo que me hiciera sonreír. Con todo esto sobra decir que he pesado diez kilos más de mi peso habitual, también diez kilos menos, y que en ninguno de esos dos momentos me he sentido suficiente o satisfecha. Así que, evidentemente, no me quedó de otra, porque lo intenté absolutamente todo, o casi todo, y tocó inevitablemente eso: hacer las paces con él. A pesar de ser el trabajo más retador, fue el más necesario: elegir el amor por encima del odio. Hacer las paces no fue cosa de un segundo, ojalá haya sido así, y tampoco es cosa de ayer. Es algo que practico todos los días cuando me despierto y me veo al espejo dentro de este cuerpo, y recuerdo que no soy él. Hacer las paces es aceptarlo todos los días como sea que se vea, como sea que se sienta, y prometerle que lo escucharé y cuidaré. Hacer las paces con él es tener la libertad de amarlo y amarme a mí misma a través de él».

Anónimo | *29 años* | *psicóloga*

«Lo he sometido a muchas dietas super restrictivas, tomando suplementos y pastillas químicas, me he engañado diciéndome que es por salud, pero es sólo por estética. Lo he descuidado para que cuando me "arregle" se note el cambio. Llevo años tratando de reconciliarme, pero este 2020 ha sido el año: le pedí perdón, lo escuché, lo sigo escuchando. Me di cuenta de que era comedora compulsiva, ya no lo ignoro y lo estoy tratando; estoy yendo con especialistas de pies, espalda, nutrición, energéticos, y todo para el mayor y más alto bien. La salud no sólo es nutrición y ejercicio, es mucho más que eso, es aceptación, amor, reconocimiento, alimento para el alma y el espíritu».

Maczil Pérez | *22 años* | *cineasta y creadora de contenido*

«Cuando era adolescente me sentía fea, después de que acepté mi homosexualidad me sentí tan yo que empecé a amarme por completo».

Valeria Monge | *28 años* | *técnico en Telemática y estudiante*

«Una úlcera esofágica, gastritis, colon irritable, mis dientes y piel desgastados: todo porque duré diez años de mi vida vomitando y creyendo que si estaba flaca me iban a querer. Error. Terminé alejando más a mi pareja y a mi familia».

Arantxa Torres Lizárraga | *26 años* | *médico*

«Me acuerdo que la primera vez que hice una dieta tenía 10 años. Desde ahí el constante odio a mi cuerpo era notorio, porque no sólo era mío sino de todxs las personas a mi alrededor. Mis tíxs, las maestras en la escuela, mis compañerxs. [...] Nunca voy a ser una talla dos, ¿y qué creen? NO IMPORTA. Porque así me quiero yo. Me quiero grande, me quiero con mis estrías, con mi celulitis, con mi piel extra, porque cuenta mi historia; y si a alguien no le parece o cree que no es la manera en que las mujeres deban o puedan verse... pues quiero que mi cuerpo sea un constante recordatorio de que las mujeres y la gente viene en todo tipo de presentaciones. Yo voy a vivir rebelde ante la sociedad, siempre. Porque a mis ojos, la rebeldía siempre es lo más sexy».

Joaquina Mertz | *26 años* | *cantante*

«Tuve anorexia nerviosa. El cuerpo y yo hemos tenido varios rounds. Hasta la fecha me cuesta y no logro descifrarlo. Es un gran maestro. Lo he dejado sin comer, sin agua, exhausto, lleno de tristeza y cansancio, y con respiraciones tan poco profundas que ha tenido que sobrevivir en automático más de una vez. Las paces, al menos para mí, las intento hacer a diario. No es algo estático que ya está y listo. Es un conocimiento/desafío/acercamiento constante de él hacia mí y de mí hacia él. Perdóname».

Paola Albo | *27 años* | *psicóloga*

«Estoy en un proceso de aceptación, donde creo que no le debo belleza a nadie y que soy suficiente por el simple hecho de existir».

Anónimo | *22 años* | *estudiante de Medicina*

«A mi cuerpo le debo muchas disculpas. Viví con desórdenes alimenticios por un par de años para cumplir con un canon de belleza inexistente. El camino de recuperación fue complicado, pero con mucha ayuda he logrado hacer las paces con ellos (los desórdenes alimenticios) porque nunca se van, siempre rondan por ahí. Después de esa experiencia, decidí que nunca comentaría sobre el cuerpo de nadie más porque me rehúso a que alguien más sufra lo que yo sufrí por consecuencia de mis palabras».

Ingrid Bonilla Q. | *22 años* | *analista de datos y estudiante*

«Me puse muy musculoso en mis veintes, facilitaba el sexo casual y las relaciones vacías compuestas de falsedades».

Fernando Palazuelos Zazueta | *32 años* | *ecléctico*

¿Qué le has hecho a tu cuerpo para cumplir con un estereotipo de belleza? ¿Lograste hacer las paces con él?

Este libro no está completo sin tu respuesta.

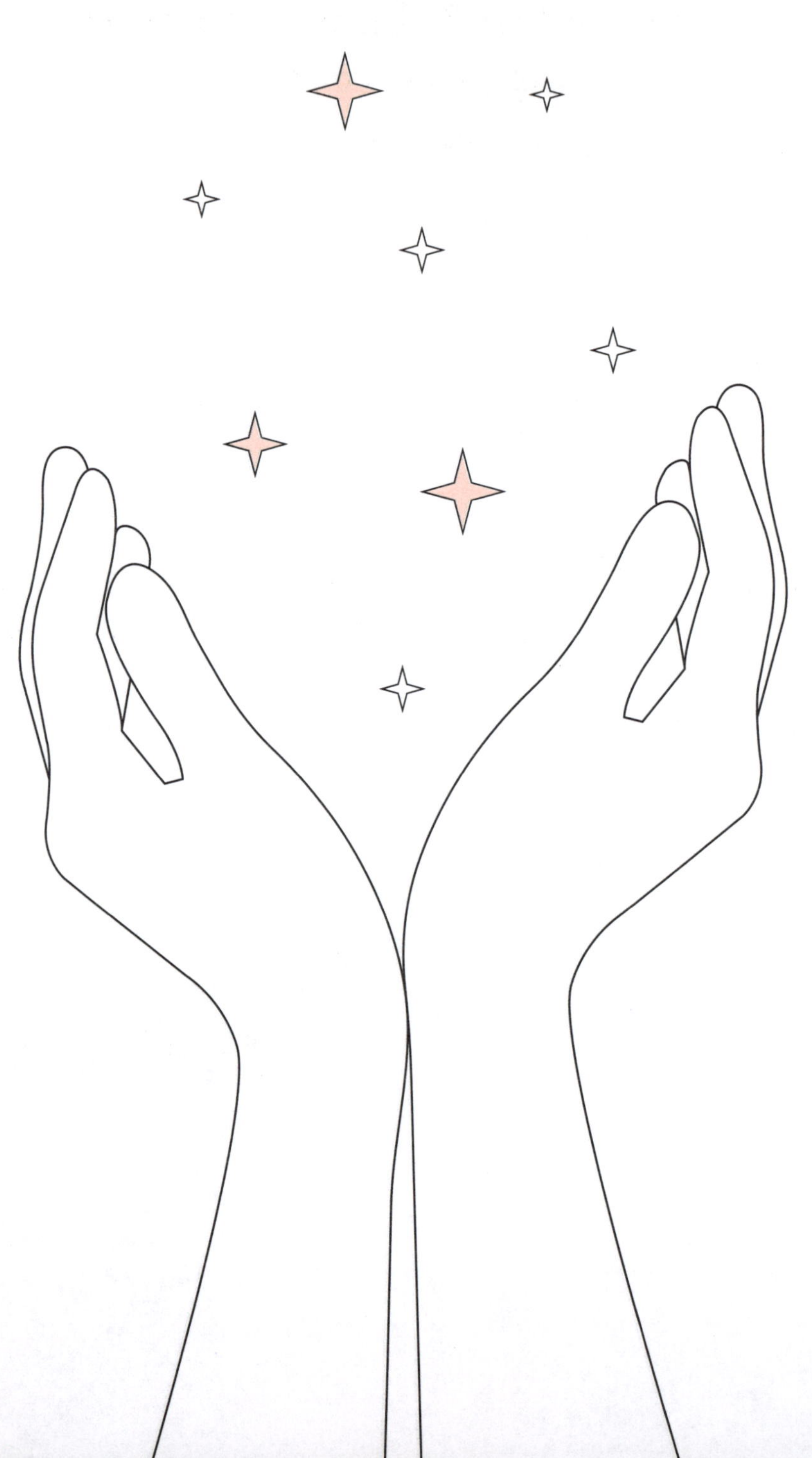

¿Cómo definirías la felicidad? ¿Y qué te hace sentir vivo o inspirado?

• ¿Has cuestionado tu idea de felicidad? • ¿Quién está a cargo de tu felicidad? • ¿Existen unos pasos a seguir para ser feliz? • ¿La felicidad es diferente para cada persona? •

• ¿Qué te hace reír? • ¿Cuándo has experimentado tanta alegría que te dio miedo perderla? • ¿Eliges ser feliz o te toca ser feliz? • ¿Qué te roba la felicidad? • ¿Qué tanto te permites hacer lo que te gusta? • ¿Qué has sacrificado creyendo que te iba a dar dicha? • ¿Ya te atreviste a ser tú? •

• ¿Encontraste la manera de ser feliz en tu día a día? • ¿Qué ilumina tu camino? • ¿Qué te hace sentir viva(o)? • • ¿Cuándo fue la última vez que te sentiste así? • ¿Dónde encuentras inspiración? • ¿Cómo se mide la intensidad de la vida? • ¿Qué te está faltando hacer? • ¿A quién admiras? • • ¿Cuándo fue la última vez que dijiste sí a una aventura? • ¿Qué o quién te motiva a crear cosas nuevas? • • ¿Puedes encontrar inspiración o sentirte vivo en tu zona de confort? •

ASHLEY:

Si me hubieras preguntado hace algunos años te diría que la felicidad es algo que encuentras después de un vuelo de 32 horas que te lleva lejos de casa y te deja en una tierra poco conocida. Te hubiera dicho que vivir un poco hacia donde llevaba el viento y poner cero resistencia a la vida era la felicidad. Pero ahora siento que he cambiado tanto, que mi definición de felicidad se ha vuelto más simple y con menos millas.

Existen tantos lugares en los que me siento viva que necesitaría una lista entera y mi mala memoria a corto plazo no me ayuda. Me considero una completa enamorada de la vida, siempre lo he sido. Pero éstas son las cosas que en los últimos años me han inspirado y llenado no sólo de vida, sino de felicidad eterna mis días.

Podría decirse que mis rituales me inspiran, me dan vida y sobre todo me llevan a quien soy. Me inspira aprender algo nuevo: de un país, una situación política, de un libro nuevo, de otras formas de vivir, algún dato sobre el espacio, una receta, una palabra en otro idioma, algún poema. He encontrado muchísima inspiración en las pequeñas cosas, en las más chiquitas. En las que, si no pones atención, se te escurren por los dedos como agua. Me inspiran todos los movimientos en contra de la injusticia: las marchas, los meetings, los grupos gritando por algo. Ejercer la democracia, me levanta los pelitos en los brazos.

Me inspira mucho mi gente, la que me rodea y de la que solía rodearme. Quienes viven vidas eternamente creativas, llevando lo que son por todos lados. Aquellos cuyo trabajo y vida personal no conocen horarios, y ellos van por la vida siendo una obra de arte, desayunando sueños y con el corazón bien engrapado afuera del pecho. Me inspira el amor y a todos los hombres que he amado y me han amado así sea por algunas horas o años enteros. Me inspira creer que se alinearon las vidas para poder compartir sábanas y poder ver la forma en la que mis pies tocan los suyos.

Me inspiran los avances tecnológicos que ayudan con la crisis climática y me inspira el Internet. Sé que tiene mala fama, pero las cantidades inimaginables de contenido que se crean ahí son también una inspiración: desde cómo cambiar una llanta, hasta un video educativo sobre cierto suceso histórico. Me hace feliz que el Internet no conozca fronteras; creo que es un poco la utopía que buscábamos, en la cual para todos existe un lugar.

Me hace sentir viva y feliz fotografiar, siempre lo ha hecho. Recorrer un museo, reírme a carcajadas, despertarme sin tener mucho que hacer y poder pasar horas leyendo. El mar, las mantarrayas y las migraciones de las ballenas. La felicidad es sentarme en mi jardín, descalza y pasar 2 horas en el teléfono con mi madre. Es un beso en la regadera y esperar el café por la mañana. Es caminar Berlín en primavera. Aunque la felicidad más grande fue una consecuencia de sanarme a mí misma. De repasar mi historia una y mil veces hasta que la entendí. De conocer mejor quién soy y quién quiero ser. Vino con entender todos los mares que habitan en mí. Sólo así he podido liberarme y vivir una vida llena de vida.

LETY:

No sé si los seres humanos hemos buscado algo con tanta insistencia como buscamos la felicidad. Parece irónico porque mientras más la buscamos y más cosas tenemos a nuestro alcance, más nos alejamos de ella. En mi caso pasé años persiguiendo lo extraordinario: personas extraordinarias, momentos extraordinarios, sueños extraordinarios, creyendo siempre que la felicidad se escondía a la vuelta de la esquina, que había un manual que seguir y si cumplía con todos los requisitos que ahí venían, algún día, sería feliz.

Creo que fue meses después de que se murió mi mejor amigo que me di cuenta de que no extrañaba nada extraordinario con él, nada de esos momentos de película. Solamente quería uno de sus abrazos, las tardes enteras en su sillón mientras veíamos el hockey que tanto le gustaba, las risas compartidas, los momentos simples. Ese día cambió mi idea de la felicidad. La empecé a encontrar en lo ordinario de la vida. En esos detalles que no tienen tanta prensa, pero que al final son el transitar de esta vida. En despertar, en la música, en salir a correr, en un libro, en la cama de mis papás cuando los visito, en escuchar los latidos de mi corazón, en la carcajadas con mis amigos, cuando hago el amor, cuando escucho a las demás personas, en el mar, en un beso, en la imaginación de mi sobrina, en las historias de mi abuelo, ahora mismo mientras escribo y estoy presente. En todas esas cositas pequeñas que hacen más grande mi vida.

Me di cuenta de que estaba perdiendo la capacidad de disfrutar todo lo que hoy ya es y lo que hoy ya soy por esa falsa promesa de buscar algo afuera. Si no soy feliz con lo que tengo ahora, ¿qué me hace creer que cuando venga algo más, entonces sí seré feliz? La felicidad no está allá afuera, no está en todas estas ideas que nos han vendido haciéndonos creer que cuando consigamos *algo*, lo que sea, entonces y sólo entonces seremos felices. Como si en un nuevo vestido, en un cuerpo distinto, en un departamento más grande, en el número de seguidores, con una pareja diferente o en otra ciudad estuviera esperándonos la llave de la felicidad. Ésta no viene con nada, vive dentro de ti en la aceptación y agradecimiento del momento presente.

Por otro lado, mi mayor fuente de inspiración a lo largo de mi vida siempre han sido otras personas. Creo que por eso vivo y me dedico justamente a contar historias. Me parece increíble que alguien haya caminado en la Tierra antes de nosotros y que con su vida, sin saberlo, ilumine el camino de alguien más. Hay historias que nos hacen vibrar muy profundo porque nos muestran cosas que existen dentro de nosotros y quizás no nos hemos permitido vivir.

Me inspira la gente que lucha a pesar de sus adversidades, que no se conforma con un no, que empuja y busca maneras de crear espacio para otros. Quien tiene una causa y usa su voz para defender injusticias. La gente que a pesar de tener el corazón roto sigue creyendo y vuelve a intentarlo. Las personas que tengo cerca y que sólo por ser distintas a mí me enseñan y motivan. Me inspira la congruencia y coherencia con las que caminan algunas personas por la vida, alineadas con lo que sienten, dicen y hacen. Todas esas personas que hacen un esfuerzo por dejar este mundo un poco mejor de lo que lo encontraron.

Así que hoy te digo: siempre que encuentres el valor de ir por algo, hazlo. No sabes el camino de quien vas a iluminar a tu paso. Ve por ti. Ve por los que están alrededor de ti. Ve por los que vienen después de ti. Nunca sabes quién pueda agarrar fuerza con lo que tú estás haciendo. Porque cuando te ven ir a ti, encuentran el valor para ir también.¶

■ ■ ■

César Lozano

| *médico cirujano, escritor y conferencista* |

«Primero te digo lo que para mí NO es la felicidad: la felicidad no es un destino, no es una persona, no es un acontecimiento importante, tampoco es el tener dinero en la bolsa ni el tener una gran cuenta bancaria, ni incluso el tener salud (lo cual facilita la vida, mas no es la felicidad). ¿Por qué digo esto?, porque todos conocemos a personas que teniendo dinero, salud, amor y lo que para muchos es éxito, aun así siguen en busca de ese tesoro tan grande que es la felicidad. Tampoco es un momento del futuro, frecuentemente escuchamos de alguien esta frase: "Algún día voy a ser feliz...". Y siempre hay una condición: "Cuando me gradúe", "cuando me case", "cuando tenga hijos", "cuando tenga esa casa que tanto he soñado", "cuando se gradúen mis hijos", "cuando vea a mis nietos y cuando se los lleven porque ya los cuidé todo el día..." Y así, sucesivamente, seguimos ilusionados con que algún día seremos felices, y no nos damos cuenta de que la vida se nos está yendo como agua entre los dedos. ¿Qué es la felicidad? [...]. La felicidad es esa capacidad que tenemos para sobrellevar las penas o las batallas, pero también agregaría que la felicidad es la capacidad para aceptar esas batallas que no podemos cambiar y que, sin embargo, las luchamos con amor y entereza. La felicidad se encuentra en esa capacidad de adaptación y en la fortaleza para sobrellevar el día a día. He aprendido que la felicidad no es ni será nunca un destino, es un maravilloso trayecto y para eso se requiere un ingrediente fundamental que es: la decisión. Reitero, la felicidad no es ningún momento del futuro, ni cuando las cosas mejoren. La felicidad es en este momento, con lo que me corresponde vivir, con la búsqueda incansable de hacer más llevaderas las adversidades que, por el solo hecho de estar aquí, nos tocó vivirlas. Debemos procurarla y encontrarla en cada momento que vivimos, en cada persona que tratamos».

■ ■ ■

«Soñar. El arte; en todo y siempre. La pasión con la que la gente lo profesa, cómo lo crea y lo transmite, pero sobre todo cómo lo trasciende. Los pequeños detalles, los pequeños momentos. Pensar en que todo es parte de un plan divino y que cada uno somos autores de nuestras vidas, eso es lo que más me llena de vida».

Mariana Castañeda | *24 años* | *licenciada en Turismo*

«Cuando estoy en el hospital y veo la complejidad, belleza y perfección del cuerpo humano. Me impresiona lo que el cuerpo es capaz de hacer [...], todos los órganos y sistemas que lo conforman son máquinas perfectas. Me inspiran otras personas que, a pesar de tener capacidades diferentes o enfermedades raras, pueden hacer cosas increíbles, porque es más el hambre que tienen de superarse que la condición que puedan tener».

Paola Hernández | *22 años* | *médico*

«Cuando me enfrento a situaciones de la vida que son nuevas para mí o me emocionan mucho, porque siento el corazón en la garganta, las manos me sudan, siento mariposas en el estómago y todo eso me recuerda que estoy viva y que soy una pequeña pieza dentro de este mundo de posibilidades».

Vima | *22 años* | *profesionista*

«Cuando tienes alguna conexión con una persona, situación, lugar. Sentir que hay algo en cierta persona que hace que cualquier sentimiento se extrapole, que te hace sentir que no eres la única que piensa o siente de esa manera».

Paula Arellano | *30 años* | *pediatra*

«El amor me hace sentir viva, porque finalmente estamos aquí para eso».

Alexandra Yañez | *28 años* | *emprendedora*

«La vida misma, la conexión con las personas, la magia que hay en cada uno de nosotros si aprendemos a conocernos más».

Vanessa Cruz | *34 años* | *administradora*

«El saber que hay más seres vivos por ahí, pensando, haciendo sus cosas, viviendo sus vidas. Pensar, por ejemplo, que mientras yo escribo esto hay gente en Barcelona despertándose, hay gente por ahí llorando, riéndose, muriéndose. Pensar qué estará haciendo mi mejor amiga en este preciso instante. Pensar que hay seres vivos que no sabemos que existen y que no saben que nosotros existimos».

Daniel Ochoa | *23 años* | *estudiante*

«Sentir que puedo despertar mi conciencia en distintos aspectos conforme crezco, descubrirme y reinventarme una y otra vez, pero cada día de una manera más plena, más sana».

Paula Landa | *24 años* | *psicóloga*

«El saber que siempre viene algo nuevo en la vida: ya sea un viaje, conocer a alguien, tener un nuevo proyecto o hacer crecer el mismo proyecto que tienes. Pero tener en cuenta de que donde estamos hoy no estaremos siempre. Eso me hace sentir vivo, saber que la vida siempre está llena de sorpresas».

Anónimo

«La fortuna de habitar este universo, el saber lo insignificante que somos ante la inmensidad de la vida y todo lo que el universo hace para evolucionar y ver cuál es mi objetivo ante este mundo».

Hannia Guzmán | *22 años* | *estudiante*

«Me inspira saber que aunque el mundo entero se esfuerza por sacar a relucir lo malo, lo desagradable y lo pesimista... aún existe gente que vive para el arte, gente que disfruta meditar en el parque, gente que llora de felicidad, gente que se desborda de amor por alguien más, gente dispuesta a cambiar el mundo: maestros, doctores, psicólogos, músicos, artistas, etcétera».

Alessi Silva | *22 años* | *psicóloga*

«Esos ratitos en que no te acuerdas de revisar tu celular».

Estéfani G. | *27 años* | *educadora*

«Un orgasmo».

Anónimo

«Los atardeceres, los he perseguido toda mi vida. No hay día que no me dejen sin aliento».

Simona García Fortes | *21 años* | *estudiante*

«Lo más cotidiano de la vida tiene cosas hermosas e inspiradoras, sólo hay que ponerle atención a la vida para verlo. Cada día que pasa es un día menos de nuestras vidas, así que decidimos si ver lo aburrido o ver lo bello en lo ordinario».

Ana Luisa Solís González | *23 años* | *dentista*

«Me inspira profundamente conocer lo diferentes que son las culturas y su relación con nuestro mundo; creo que no hay nada más rico que salir del cascarón al que pertenecemos y ver más allá de lo que comienza inevitablemente con una reducida visión. Me llena conocer estas culturas a través del contexto geográfico e histórico que ha nutrido sus tradiciones, costumbres, forma de alimentación, creencias, etcétera. Tenemos mucho que aprender de los demás».

Ilse Gallegos | *28 años*

«Me inspira saber que hay un mundo enorme por descubrir y que tengo que verlo con mis propios ojos».

Brenda Ramírez | *23 años* | *agente telefónico*

«Me es difícil contestar esta pregunta. He vivido con ataques de ansiedad y depresión crónica gran parte de mi vida. Por el momento lo que me hace sentir vivo son mis antidepresivos, me gusta creer que algún día podré ver la luz de la que todos hablan».

Anónimo

«Tener todos los días por la mañana una nueva oportunidad de empezar».

Andrea Casillas | *28 años* | *contadora*

«Trabajo con niños víctimas de violencia y creo que la felicidad la encuentro cuando veo en sus ojos la esperanza que les da la posibilidad de empezar una nueva vida».

Anónima

«Sentir mi cuerpo, sentir todo lo que es capaz de hacer. Me inspira escuchar a mi papá hablar, cómo le apasiona todo lo que hace, cómo cambia y se adapta a respetar todas las decisiones de sus hijos».

Heidi Cota | *23 años* | *estudiante*

«Viví con mucho miedo a la vida, porque no sabía cómo tomarla. Así que hoy, desde cosas sencillas como respirar profundo, cuidarme, salir a caminar, estar presente con mis seres amados todo eso me inspira, hace sentir vivo y feliz».

Anónimo

«Cada que me voy a dormir, toco la pierna de mi esposa y me da su mano. Ahí está todo».

Fernando Palazuelos Zazueta | *32 años* | *ecléctico*

«La felicidad la encuentro en muchos lados porque no es una cosa tangible; transmuta desde la sonrisa de alguien amado a un rayo de sol entre las nubes, de una noche con amigos a la calma de la soledad. Se encuentra donde sea si tan sólo la sabemos ver y sentir».

Anónima | *29 años* | *fotógrafa*

«La felicidad para mí es sentirme ligera y suelta. Vivir sin expectativas, tomando lo que viene».

Natalia Sada | *24 años* | *estudio de pilates*

«La felicidad se vive de la piel para adentro. Ninguna situación puede condicionarla, ya que nos quita poder de influir en nosotros mismos».

Anónimo | *25 años* | *estudiante de Medicina*

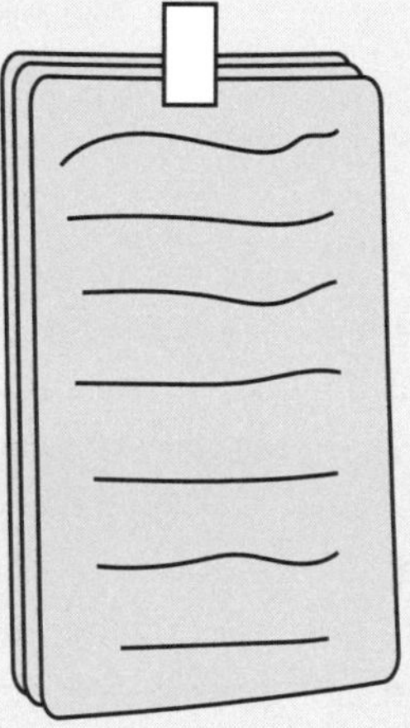

«Cantar, bailar, pintar, conectar, los amaneceres y atardeceres, hacer ejercicio, meditar, leer, crear, arreglarme, diseñar, disfrutar a mi familia y a mis amigos, conocer gente y lugares nuevos, viajar, manejar, el mar, las montañas, el bosque, caminar, ver el cielo y los astros, la música, el arte, las personas cotidianas, saber que siempre hay algo nuevo por descubrir y experimentar, compartir, cocinar, comer, los miradores, el amor, el sexo, las pláticas y las personas con las que el tiempo no pasa, cuestionarme, las películas, los podcasts, las personas auténticas que apasionadamente siguen y construyen sus sueños, *the little things*, los abrazos, los besos, las sonrisas, los columpios, la fotografía, las noches sin dormir, la libertad, la autenticidad, las posibilidades, escribir. Seguro hay más».

Cris | *23 años* | *estudiante*

«Es un sentimiento que llevamos en algún lugar muy profundo del alma. Algunas veces se activa más que otras, pero siempre está ahí. Los detonantes son cosas y momentos que te hacen sentir lleno de luz y tranquilidad».

Giuliana Salom | *17 años* | *estudiante*

«Para mí ser feliz es dejarme ser».

Anónima | *27 años* | *diseñadora*

«Hacer el amor, la música, la risa, mi imaginación, mis amigas, hablar, mis hijos, mi marido, mi vida, mi simple café en la mañana».

Luz Elena Martínez Gallardo | *53 años* | *creativa*

«Estoy 100% segura de que la felicidad es la aceptación de "lo que es". Yo he tenido que hacer mucho trabajo interno porque soy una persona que siempre quiere más, pero ahí voy, poco a poco aceptando lo que hay».

Anónima

«Leí que la infelicidad proviene de sentir que te falta algo. Un sentimiento de carencia. Pero si tratas de no alimentar esa idea, puedes concentrarte en lo que ya tienes. La felicidad está en todas partes».

Demi Ward | *28 años* | *fotógrafo*

«Contrario a lo que me dijiste, la felicidad la encontré el día en que por fin me fui».

Anónimo

«Verte en la tele por fin cumpliendo los sueños que nos separaron y saber que eras feliz».

Anónimo

«Me inspira reflexionar sobre la enormidad de nuestro universo y las complejidades de la materia que dieron lugar a la creación».

Brian Clancy | *64 años* | *científico*

¿Cómo definirías la felicidad? ¿Y qué te hace sentir vivo o inspirado?

Este libro no está completo sin tu respuesta.

¿Has tratado de cambiar a alguien? ¿Las personas pueden cambiar?

• ¿Cuántas veces has intentado cambiar a alguien más? • ¿Por qué querías que fueran de diferente manera? • ¿Crees que la gente realmente cambia? • ¿Está en ti cambiar a alguien? • ¿Has recibido aceptación de los demás? • ¿Te gustaría que alguien te intentara cambiar? • ¿Cuánto te ha tomado romper un hábito dañino? • ¿Has tratado de cambiar algo en ti? • ¿Has experimentado la libertad de poder ser quien quieres ser? • ¿Cuál es la consecuencia de cambiar a alguien? •

• ¿Por qué no cambias tú? •

• ¿Qué pasaría si toda esa atención que has puesto en tratar de hacerlo la enfocaras en ti? • ¿Es verdad que si tú cambias, impactas a tu entorno? • ¿Cuántas veces has perdido una oportunidad por querer modificar la situación o a la persona? • ¿Qué pasa cuando cambias tu perspectiva? • Si amas tanto a alguien, ¿por qué quieres cambiarlo(a)? • ¿Eres capaz de concederle a los demás la misma libertad que tú deseas? • ¿Por qué crees que si alguien cambia, todo va cambiar? •

LETY:

Sí, empezando por mí y creo que ésa ha sido la lección más dura. He querido cambiarme y ser de otra forma. Mucho tiempo escondí las partes que creía que estaban mal conmigo y trataba de parecerme a los demás. Me llené de expectativas cada vez más difíciles de alcanzar. Era como vivir con una máscara. Cada una de las veces que le decía que sí a los demás me iba apagando por dentro.

Después traté de cambiar a los demás, sobre todo a mis parejas. Moldearlos con las expectativas que vivían en mi cabeza y tratando de editar las partes de ellos que no iban con ese ideal que en algún lugar había aprendido que era importante. En mi intento por cambiarlos, imaginaba su potencial y entonces creía saber qué era lo mejor para ellos. En el momento no tenía la consciencia para ver lo egoísta e, incluso, lo violenta que puedo llegar a ser por interrumpir sus procesos o por empujarlos a tomar ciertas decisiones a mi conveniencia.

Me costó muchas lágrimas entender que aquí no venimos a reparar las heridas de nadie, mucho menos a cargar o cambiar a alguien más. Cada quien viene a recorrer su propio camino y a aprender sus propias lecciones. Nadie sabe mejor que esa persona lo que necesita en el momento. Además quitarle a alguien la libertad total de ser completamente lo que es, sin condiciones, no es amor. Hoy puedo ver que confundía muchas cosas con amor. Que mi intento por cambiar a otras personas era desde mi necesidad de control y hablaba más de mí que de ellos.

Ahora cuando me reconozco deseando un cambio en alguien más que no sea yo, me regreso la responsabilidad preguntándome: ¿qué expectativa tengo hacia esa persona?, ¿por qué quiero que cambie?, ¿qué necesito empezar a darme en este momento, para dejar de sentir que alguien más es responsable de como me siento?

Amar a alguien es aceptar a esa persona tal como es: luz y sombra. Acompañarla y hacerle saber que justamente con todas sus imperfecciones es aceptado(a) y sobre todo amado(a). Que no hay nada que tenga que ser o hacer diferente en ese momento. Que se le ama desde la libertad y el respeto a sus propias decisiones y procesos, aun si estos no nos incluyen.

No hay nada que se sienta más lindo que *poder ser yo en cada momento de la vida y aun así ser amada*, así que ahora intento darle eso mismo a quienes me rodean. Por ahí dice Esther Perel que amar a alguien a través de los años es estar dispuesta a asistir al entierro de esa persona una y mil veces con la emoción de ver qué puede surgir después. Entender que, si bien, no podemos forzar el cambio en alguien, sí debemos recordar que esa persona cambiará una y mil veces como la única constante de la vida. Y los cambios profundos y verdaderos son los que cada quien decide hacer y los que vienen acompañados de trabajo interno. Vamos mutando de piel a cada rato y despertando a nuevas versiones nuestras. Hoy veo que he cambiado incontables veces, no reconozco partes mías del pasado y quisiera darme el permiso de seguir cambiando con la vida. Y esto mismo quiero darles a todas las personas que se cruzan en mi camino. La gente sí cambia, pero cambia cuando trabaja en sí misma, visita sus heridas, sana y quiere; no cuando alguien más se lo pide o, peor aún, impone. ¶

ASHLEY:

Me gusta creer que esta vida es tan personal que una no debe de andar hablando por otros. Entonces voy a hablar por mí. ¿Que si he tratado de cambiar y que si puedo cambiar? Me gusta creer que sí y casi con certeza absoluta lo digo. Y no de vez en cuando sino cada temporada somos un mar distinto, irreconocible para algunos navegantes.

Me gusta creer que yo he cambiado tanto que a veces me cuesta reconocerme en el espejo. He visto que le pasa igual a mi gente, que quienes fuimos en aquel entonces ya no somos. Que nuestras conversaciones me cambian, nuestros viajes me transforman. Que cada ciudad que visito se me amarra al pelo y hace que mi cabellera esté siempre más china.

Me gusta creer que cada libro lo termino siendo otra. Que no existe nada permanente, más que el universo. Que mi cuerpo ha ido cambiando no sólo como parte de la anatomía humana, sino como la que ahora veo en el espejo. También ha cambiado mi mente, cada que alguien me enseña algo, cada que soy más empática, cada que escucho una historia, grabo, fotografío, mis neuronas bailan para moverme de donde estaba hacia donde voy. Siempre un río hacia el mar.

Me gusta creer que todas las veces que me he enamorado, aunque sea de la misma persona, he cambiado, he amado mejor y con más fuerza. Más presente y más consciente. Que cuando ando perdida, las palabras de mi padre al teléfono me cambian, su manera infinita de decirme que todo va a estar bien, me cambia de camino, me lleva a tierra firme.

Que cada que perdono, mi alma se vuelve más ligera. Que la pesadez que tenía cuando era niña ha ido desapareciendo con el tiempo. Creo que ahora ella ya no nos reconocería. Que he ido a terapia a tratar de sanar las heridas con las que nací, que este proceso me llevó a ser más libre, más yo, más de mí. Y cuando pasó esto cambié casi por completo. Me mudé de país, de idioma, de casa. Recordando siempre de dónde venía, pero libre de ir a donde yo quisiera.

Y más que todo me gusta creer que podemos reinventarnos cuantas veces nos parezca necesario. Por gusto propio o por necesidad. Que puedes cambiar de opinión, de oficio, de amor, de pelo, de camino. Que no somos permanentes, que somos siempre el viento que nos mueve. Que tenemos dentro de nosotros la fuerza para cambiarnos a nosotros y al mundo. Al mundo que cambia cada día al amanecer.¶

■ ■ ■

LP

| *Cantante* |

«Sinceramente, no he intentado cambiar a nadie. He deseado poder cambiarlos y he pasado tiempo enojándome con ellos por no encontrarse conmigo donde yo quería que estuvieran. En última instancia, trato de aceptar a las personas donde están y creo que podría ser porque odio sentir que alguien quiera cambiarme. La aceptación es clave para mí, promuevo mi crecimiento y el de los demás. Liderar con el ejemplo y enseñarle a la gente que los aceptas en todo su esplendor. Quiero sentirme bien por lo diferente que soy y somos. También lo divertido de esto es que el cambio es bueno, es crecimiento en su esencia. Sin embargo, forzarlo no es natural y, en mi opinión, no lo mantendrá en el camino real».

Sofía Reyes

| 25 años | artista |

«Claro que he tratado de cambiar a alguien, mi conocimiento llegaba hasta ahí. No sabía que ser y dejar al otro ser era una forma de amar. Hoy amo diferente y creo fielmente que todo empieza con el camino hacia el amor propio».

Pamela Jean

| 35 años | escritora |

«¡Claro que he tratado de cambiar a alguien! No me refiero a cambiar completamente a una persona, intentar transformar su estilo o identidad por completo, sino a inducir pequeños cambios que se traduzcan en relaciones más fuertes y prósperas, me refiero a conversaciones poderosas que se convierten en negociaciones de vida. Por ejemplo, cuando le ponemos un límite a una persona que con su actitud nos está lastimando o molestando, cuando le pedimos a nuestra pareja que haga o deje de hacer algo que nos lastima en beneficio de la relación, cuando le enseñamos una nueva habilidad a alguien, cuando le damos un consejo a un amigo para que actúe de manera distinta. Es más, no sólo eso, cuando a través de un argumento o experiencia cambiamos la perspectiva de alguna persona, cuando le brindamos acceso a algún tipo de conocimiento con el que no contaba anteriormente, cuando influimos en sus emociones o pensamientos; todo, absolutamente todos estos “pequeños” cambios, funcionan como activadores que tarde o temprano propician grandes transformaciones. Si comprendemos que lo único que, como seres humanos, tenemos asegurado es el cambio y que estamos diseñados para adaptarnos a él, reduciremos en gran medida la ansiedad y el miedo asociados al mismo. A nuestra habilidad para fluir y adaptarnos, incluso aprender de las circunstancias cambiantes, y salir fortalecidos, se le llama resiliencia. En México tenemos un dicho que explica en cierto modo nuestra resistencia al cambio: “Más vale malo por conocido que bueno por conocer”. En pocas palabras, tendemos a sentirnos más cómodos repitiendo acciones, conviviendo con gente, frecuentando lugares y consumiendo aquello que ¡ya conocemos! Aunque no nos haga bien, aunque nos moleste, aunque nos limite y estanque, sencillamente porque nos da una noción o sentido de "seguridad" que nos aleja de la incertidumbre, nuestro cerebro primitivo nos engaña haciéndonos sentir que si nos mantenemos repitiendo aquello que conocemos, entonces tenemos mayores probabilidades de sobrevivir. Una persona que quiere generar un cambio radical tiene que empezar por analizar sus programas mentales, irse profundo, hacer un trabajo verdadero, cuestionar sus creencias; puede elegir hacerlo consciente y deliberadamente para favorecer su crecimiento y evolución, o la vida misma le presentará situaciones que le invitarán a ello, como aquellas veces que decimos que alguien cambió porque "tocó fondo". Así que para cambiar hay que tocar fondo, o más bien ir al fondo, pero tú decides si la vida te lleva ahí de sopetón o si el impulso lo generas tú con un poco de fe y otro poco de valor. Y claro, si es posible, hazlo bien acompañado y con las herramientas adecuadas. ¡Adaptarse o morir!».

Rafael Sarmiento

| *44 años* | *periodista, papá, esposo y amigo* |

«Creo que las personas sí pueden cambiar, pero si y sólo si ellos quieren hacerlo. Podrás influenciar, orientar, opinar para alguien pero al final del día la transformación interior depende de uno mismo y de nadie más. La pregunta es si las personas quieren cambiar o no».

■ ■ ■

«Siempre trataba de cambiar a los demás hasta que cambié yo, así vi todo con otros ojos».

Azul González | *17 años* | *estudiante*

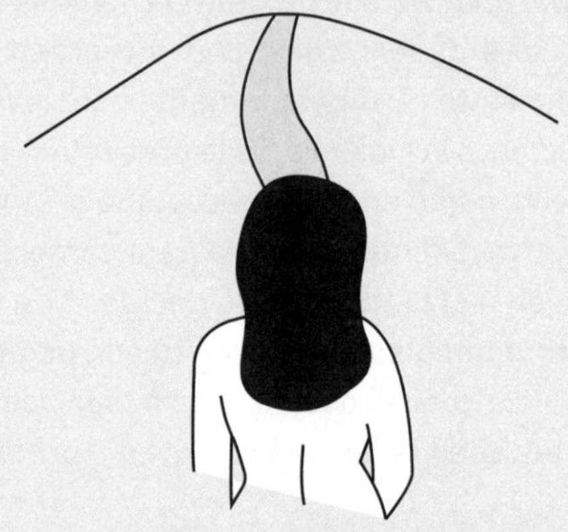

«Sí, nosotros mismos podemos experimentar ese cambio, sólo basta con voltear hacia atrás y darnos cuenta de que no nos duele lo mismo que nos dolía hace dos años, que de alguna manera hemos crecido y evolucionado».

Paulina Arellano | *30 años* | *pediatra*

«Varias veces por "amor", según yo. Cuando después aprendí que amar es aceptar, aceptarse una, con lo que sí puedes, y aceptar al otro tal cual es. Creo que sí, podemos cambiar, somos seres transformables aunque depende mucho de qué tipo de mentalidad tengamos, ya sea una mentalidad estática y fija o una mentalidad cambiante y posible de ser transformada [...], el cambio puede efectuarse, siempre y cuando uno lo haga para y por uno. "De la piel hacia adentro" y "vive y deja vivir"».

Yuriko Yubi | *25 años* | *consultor*

«Si quieres sí puedes cambiar, pero para eso hay que tener bien claro cuál es tu intención y el punto a donde deseas llegar. Si lo tienes claro, el camino a recorrer es la indagación profunda para ver cuáles son los miedos y creencias que te mantenían en ese lugar. Para lograr un cambio hay que romper nuestras creencias limitantes y esos miedos que nos paralizan, buscar la raíz y encontrar en dónde se generaron y entonces así se abre un cúmulo de posibilidades de cambio, abrazando diferentes formas y obteniendo nuevos resultados. Ahí donde se modifican esos códigos mentales que limitaban es donde existe esa transformación personal no sólo en la mente, sino en las emociones y en las acciones. Si me permito contactar con mis vulnerabilidades, sentir ese sentimiento o emoción que me mantenía en el mismo lugar, entonces me permitiré escuchar alma adentro de dónde vienen, y encontrar la fuente que me limitaba a la acción para generar ese cambio que tanto deseaba, o que muchas veces ni siquiera me había permitido imaginar. Si aprendemos a sanar desde raíz y no sólo a salvar "situaciones", los cambios realmente marcarán diferencia y tendrán una mayor permanencia en nuestras vidas. Sólo comprométete contigo misma para que ese cambio realmente venga desde una intención y deseo personal, no sólo para satisfacer a un externo. Sé fiel a ti misma, a tus necesidades y recuerda que lo único constante en esta vida es el cambio».

Gaby Huerta | *50 años* | *coach ontológico profesional*

«Sí, intenté cambiar a mi exnovio para que él fuera la "mejor versión de sí mismo", obligándolo a ir a mi paso y no al de él, queriendo que él practicara las mismas formas en las que yo aprendo a amarme a mí misma; pero caí en cuenta de que cada quien tiene su proceso y sus caminos. Creo que las personas sí pueden cambiar, pero al mismo tiempo creo que la esencia de cada persona persiste dentro de cada uno».

María Fernanda Ortiz | *19 años* | *estudiante*

«Sí, y es sumamente cansado, aparte de una falta de respeto enorme al ser del otro. El cambio lo decide uno mismo, cambiamos cuando decidimos hacerlo y con muchísimo trabajo».

Magaly Nasser | *27 años* | *emprendedora*

«Sí, me arrepiento mucho. Cambiamos a nuestro propio paso, y no es responsabilidad de nadie alterar ese proceso, lo mejor que podemos hacer es acompañar y celebrar a la persona».

Óscar González | *23 años* | *asistente de dirección*

«Sí, cuando no entendía el concepto de "hacerse cargo de uno mismo". Las personas pueden ¡renacer!, siempre y cuando sea parte de su proceso, ésa es la verdadera trascendencia».

Verónica Ancira | *36 años* | *mercadóloga*

«Las personas no cambian porque otros lo pidan; cambiamos porque crecemos, porque queremos y a veces, porque la vida misma nos lo pide a gritos. Cada quien hace de su vida lo que quiere. Las personas que más amamos son grandes influenciadores, pero no pueden lograr cambiar algo que nosotros no queramos. Además, creo que como humanos no cambiamos, simplemente evolucionamos, ésa es nuestra naturaleza: aprender, crecer, amar, evolucionar. No somos seres realizados, somos seres en proceso, libres de ser lo que queramos y como queramos».

Karla Zaragoza | *30 años* | *CMO*

«Las personas cambian todo el tiempo».

Aline Sosa | *35 años* | *ama de casa*

«Sí lo intenté y terminó en divorcio, no se puede cambiar a nadie. Sólo las personas por su voluntad pueden cambiar, aunque es muy difícil, tienen que ser muy determinadas para no volver a las costumbres que han tenido por tantos años».

Giovanna Regalado | *28 años* | *contadora*

«Sí he tratado de cambiar a alguien y me he dado cuenta de que lo que más quiero cambiar de otra persona tiene que ver más conmigo que con ellos. Siento que uno sí puede evolucionar y cambiar de opinión, sólo si es una decisión propia. Nadie puede hacernos cambiar en contra de nuestra voluntad. Sí podemos recibir consejos, pero el cambio real se hace sólo cuando lo sentimos en nuestro corazón».

Daniela Rondón | *30 años* | *Ventas*

«Sí, en mis peores épocas traté de cambiar a las personas y también trataron de cambiarme. Se me hace lo más injusto que se le puede hacer al ser humano. Pareja, hijos, papás, hermanos, amigos, cualquier ser humano. El amor también es libertad».

Yolanda Soberón | *44 años* | *Educación*

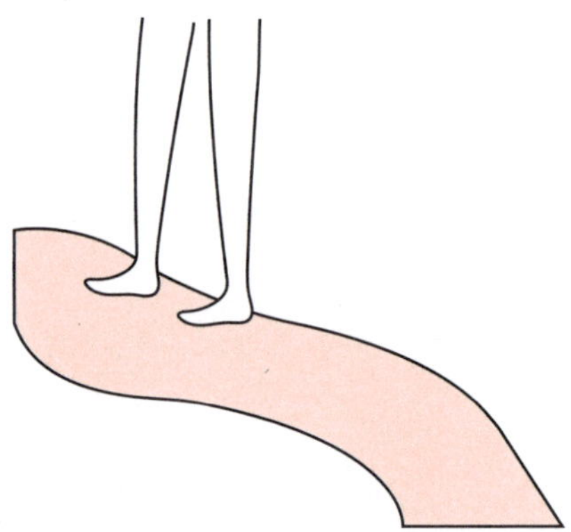

«Si no vas a querer a alguien por cómo es, ahí no es, camina para otro lado».

Sasha Salazar | *21 años* | *estudiante*

¿Has tratado de cambiar a alguien? ¿Las personas pueden cambiar?

Este libro no está completo sin tu respuesta.

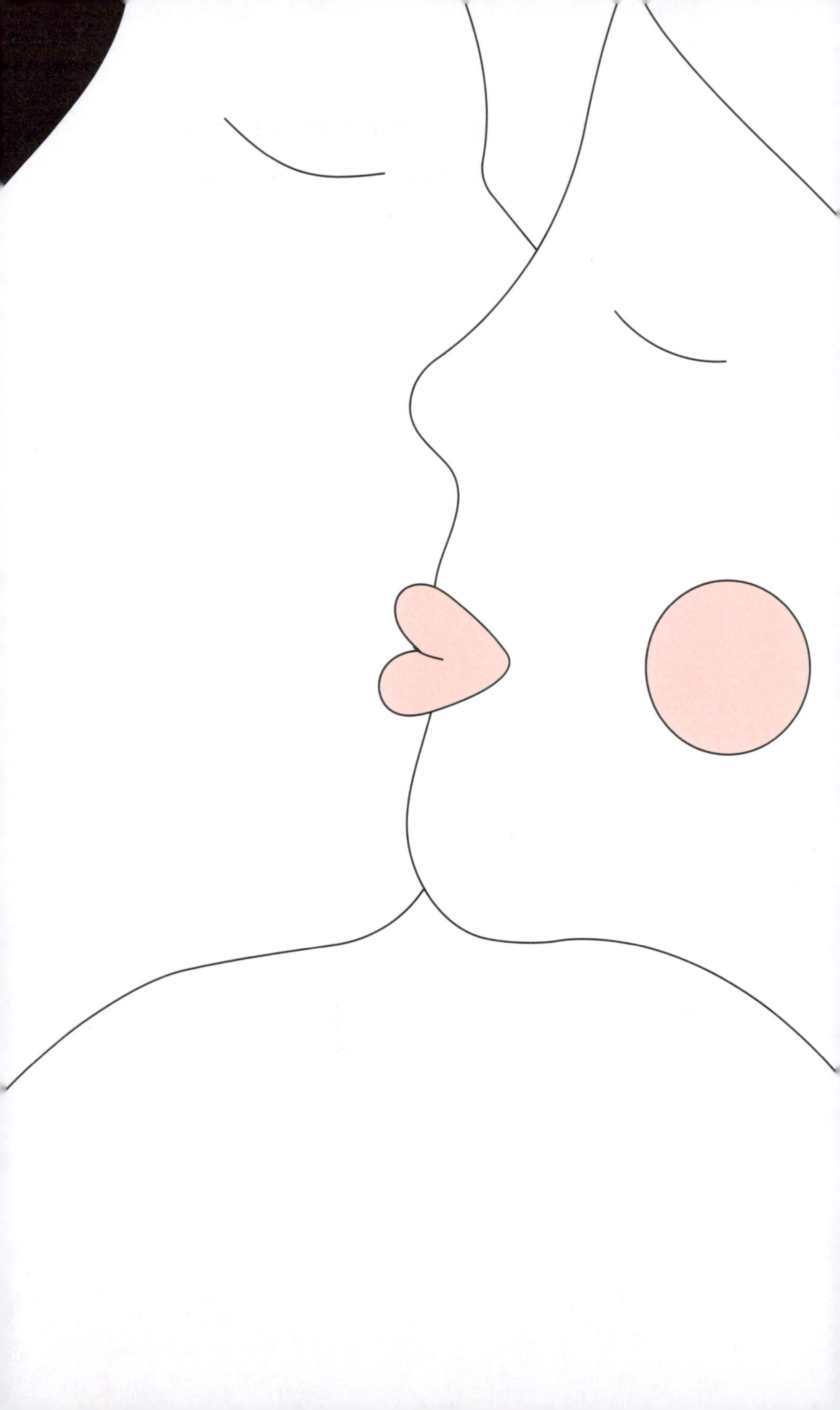

¿Cómo describirías un buen beso?

• ¿Con quién aprendiste a besar? • ¿Con lengua o sin lengua? • ¿Te acuerdas de tu primer beso? • ¿Quién sería la última persona a la que besarías? • ¿Qué hace a un buen besador? • ¿El mejor beso para ti habrá sido el mejor beso para la otra persona? • ¿Cuál ha sido tu peor beso? • ¿Labio de arriba o de abajo? • ¿Un beso sabe diferente con amor que sin amor? • ¿A quién te falta besar? • ¿Vienen con mariposas en el estómago? • ¿Usas las manos? •

• ¿Qué piensas mientras besas? • ¿Has dado un beso sabiendo que era el último con esa persona? • ¿Se vale morder? • ¿Es un beso el inicio de algo más? • ¿Puedes fluir mientras besas? • ¿Qué otras partes de tu cuerpo se encienden? • ¿A dónde se van las mariposas cuando se acaba un beso? • ¿Un beso cambia las cosas? • ¿Ojos abiertos o cerrados? • ¿Mejor parte del cuerpo para recibir un beso? • ¿Te has atrevido a besar a quien le tienes ganas? • ¿Los besos se piden o se roban? •

ASHLEY:

Un buen beso es aquel que ya me había imaginado. Que me había preguntado antes, aunque hubiera sido por un segundo, qué se sentiría que nuestras bocas se junten. Es cuando tenemos el superpoder de detener el tiempo, porque las leyes que lo rigen no existen para los besos. Un buen beso para mí es cuando se me va la sangre a los oídos, cuando no puedo escuchar ni mi propia respiración y mi corazón casi se sale de mi pecho para acampar en mis oídos. Un buen beso es aquel que te di en la puerta de mi casa antes de que te fueras. Que hace que mis rodillas se derritan hasta mis tobillos y que mis manos busquen tu pelo. Es aquel que cura cualquier incertidumbre, cualquier duda sobre cómo nos sentimos. Un buen beso es aquel que nos dimos en el aeropuerto antes de que yo me fuera para no volver, sabiendo ya que sería nuestro último beso detuvimos el tiempo para que, en lo que nos resta de existencia, nos acordemos por momentos que durante esta vida fuimos el uno del otro. Un buen beso es también los que me dabas cuando estábamos dormidos y nos movíamos un poquito. Con los ojos cerrados y la mitad del cerebro dormido me dabas besitos en mi espalda. Igual son los que me dabas en la muñeca cuando no nos atrevíamos a más y sólo trazabas mapas con tus besos sobre mis dedos. Los buenos besos son los que nos damos rápido, en medio de un estacionamiento cuando me despido porque ya llegó mi taxi. Los que nos damos enfrente de amigos, son los que me das cuando nos reímos, los que me das para callarme, para consolarme. Pero para describir un buen beso como los nuestros, amor mío, tendrían que conocerte como te conozco, conocernos. Conocer nuestros rincones y sabores. No sé si quisiera que alguien te conociera como yo te conozco a ti, y para serte muy honesta todos nuestros besos son los únicos que quiero.

LETY:

Existen diferentes tipos de besos. Mis favoritos son:

- El beso inesperado, poco planeado.
- El beso que se siente como estar en casa.
- El beso que te deja sin poder respirar.
- El beso que sientes que se te sale el corazón del cuerpo.
- El beso con un desconocido que jamás vuelves a ver.
- El beso guardado por mucho tiempo que por fin encuentra su espacio.
- El primer beso, ése que no se olvida.
- El beso lleno de amor que te hace sentir que perteneces ahí y a ningún otro lugar.
- El beso que se siente igual de rico, aunque hayan pasado años de recorrer la misma boca.
- El beso que aún no doy.
- El beso que te hace sentir viva(o).

- El beso que extraño.
- El beso que por fin me animé a dar.
- El beso que avisa que con esa persona no hay magia ni aunque quisiéramos forzarla.
- El beso que hace temblar cada parte del cuerpo.
- El beso que no necesita acompañarse de palabras.
- El beso que detiene el tiempo.
- El beso lleno de amor y ternura.
- El beso que siempre te deja con ganas de más.
- El beso con mordida.
- El beso lleno de lágrimas porque sabíamos que era la última vez.
- El beso para tratar de olvidar la cara de alguien que sigue apareciendo aun cuando no está.
- El beso que te hace sentir que somos eternos.
- El beso que te hace regresar una y otra vez a la misma boca.
- El beso que viene después de una LARGA espera.
- El beso con los ojos cerrados porque sólo así puedes sentirlo en cada parte de ti.
- El beso que hace que se te olvide dónde estás y quién eres.

Y si en un beso o persona encuentras todos los de arriba, entonces ahí quédate.

▪ ▪ ▪

Gian Marco

| *50 años* | *músico hasta la reencarnación* |

«El beso perfecto tiene que venir acompañado de un ingrediente fundamental: GANAS. No importa el lugar, ni el momento. Un beso perfecto es tirarse a un precipicio en caída libre sin importar cuál sea el final... porque un beso perfecto es infinito».

Nicole Zignago

| *25 años* | *artista* |

«Pausa indefinida en donde una boca reconoce a otra. Se siente como un baile ensayado, como una canción que no quieres que termine. Sabe a su risa y a su perfume».

▪ ▪ ▪

«Cuando sientes que te vibra el corazón».

Ana Flores Durán | *25 años* | *arquitecta*

«De esos que sientes que te quitan el aliento
y te regresan el alma».

Etzigueri Sifuentes | *24 años* | *estudiante*

«El que se siente siempre como si fuera el primero».

Monserrat Beltrán | *32 años* | *publicista*

«Cuando te lo dan en los labios, pero se siente en todo el cuerpo».

Yadira Anayancy Juárez | *34 años* | *abogada*

«Al hablar de besos siempre hablamos de química, pero también tendríamos que hablar de esa fuerza gravitacional, casi magnética, que te atrapa y te impide separarte por un segundo. Un buen beso no se explica, se siente».

Dennise Aguilar | *25 años* | *diseñadora gráfica*

«Un buen beso es aquel en el que las personas involucradas pierden el hilo de sus pensamientos y se enfocan únicamente en lo que están sintiendo, porque sí, un buen beso te hace sentir algo».

Paula GMG | *21 años* | *estudiante*

«Los besos que te sacuden el alma son los mejores, esos que se quedan en tu cabeza por mucho tiempo y cada que cierras los ojos para recordarlos te hacen viajar, como si estuviera pasando en ese preciso instante, te hacen sentir cosquillas en el estómago y suspirar hasta sonreír».

Erika Sanz | *27 años* | *diseñadora*

«Lleno de pasión. Como todo en la vida».

Estéfani G. | *27 años* | *educadora*

«Cuando no puedes abrir los ojos después de besarlo».

Natalia | *23 años* | *estudiante*

«Te hace querer abrir un poco los ojos sólo para confirmar que realmente es la persona a la que estás besando y no una ilusión; que te hace dar un suspiro grande por la nariz para poder tomar aire porque no quieres parar; y sin importar la edad que tengas o cuántos labios hayas besado... te hace querer más».

Gabriela Vizuet | *31 años*

«Un buen beso comienza desde antes de que suceda, desde las ganas que tienes de darlo y recibirlo, esa emoción que te hace sonreír».

Marti | *33 años* | *vendedora*

«Sabes que es un buen beso porque te enciende tanto el alma como el cuerpo, a veces más el cuerpo que otra cosa. Te deja sin aliento y excitada».

Anónimo

«Uff... capítulo 7 de *Rayuela* de Julio Cortázar:

Toco tu boca, con un dedo toco el borde de tu boca, voy dibujándola como si saliera de mi mano, como si por primera vez tu boca se entreabriera, y me basta cerrar los ojos para deshacerlo todo y recomenzar».

Paulina Amaya | *27 años* | *comunicóloga*

«Con la persona indicada y no me refiero al amor de mi vida, sino a quien quiero besar en ese preciso momento, con quien quiero compartir ese momento. Verlo a los ojos e irnos acercando lentamente con una sonrisa, tomarlo del cuello y cuando estemos a milímetros sentir el latido de su corazón, con su respiración mezclada con la mía, detenerme un microsegundo y apreciar ese instante y después unirnos».

Mar Jiménez | *15 años* | *estudiante*

«Lo explicaría como uno de los mejores momentos que uno vive en la vida. Es el momento de fuegos artificiales que todo se detiene, que nada importa y que sólo son dos almas conectándose».

María Belén Urtubey Herrera | *29 años* | *nutricionista*

«Un buen beso para mí es el que es bien correspondido en todos los sentidos... donde las dos personas tienen la oportunidad de transmitir físicamente lo más profundo de sus sentimientos hacia el otro».

IEYA | *psicoterapeuta*

«Los mejores besos empiezan mucho antes de que tus labios se posen en los labios de alguien más. Los mejores besos empiezan con una mirada, en ese instante en el que ves a la persona que tanto deseas y una sensación cálida recorre cada nervio de tu cuerpo, y es mutuo porque puedes sentir cómo cada poro de tu piel es recorrido por la mirada de esa persona, y se acerca, y te acercas, y sientes que el corazón podría salirse de tu pecho. Entonces sus manos encuentran tu cara y tus dedos encuentran su cabello y los labios se reconocen, y se sienten en casa, y todo está bien».

Samantha Turrubiate | *24 años* | *diseñadora*

«El secreto no es en dónde, ni cuándo, es con quién».

Fernanda Esponda | *28 años*

«El que empieza despacio y termina dejándote con la mente en blanco. Un buen beso nunca se olvida».

Itziar Flores Acuña | *30 años* | *diseñadora*

«Un buen beso es uno que no ves venir, que te agarra desprevenida y que de repente quita todas tus barreras, preocupaciones e inseguridades».

Ana Meade | *25 años* | *arquitecta*

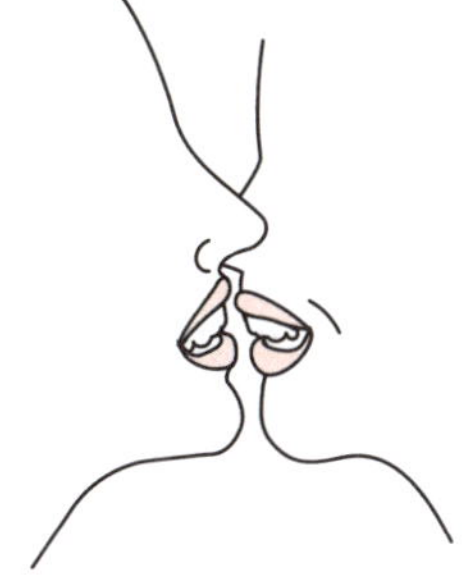

«Cuando ambos se ríen entre el beso».

Daniela Alvarado | *23 años*

«Soy admirador de lo cotidiano. Creo con firmeza que los mejores momentos de mi vida los he vivido en la rutina. A este punto de mi vida, podría decir que mi mejor beso fue el día de mi matrimonio, o en algún viaje memorable lleno de aventuras y nuevas experiencias. Mentiría, pues mis mejores besos han sido en pijama, un fin de semana, sin nada que hacer; o una despedida breve antes de ir al trabajo».

Isaac Quirós Fernández | *27 años* | *científico*

«Cuando sabes que nunca habías sido tan feliz en la vida».

Anónimo | *24 años* | *estudiante*

«Como perderse y fundir tu energía con alguien, y que el tiempo quede suspendido en medio de la nada. Como mil cerillos que prenden de la nada en una milésima de segundo».

Maribel Soto | *38 años*

«Un buen beso es aquel en el cual sientes que las almas se reencontraron. Aquel en el que la sangre comienza a fluir tan rápido que no se distingue si estás feliz o aterrada de sentir cada célula preguntándose en dónde ha estado».

Paulina de la Paz | *28 años* | *estilista de moda*

«Un buen beso es un baile perfectamente sincronizado en el que ambas personas, de alguna manera, ya conocen todos los pasos. Incluso si nunca los han ensayado. Es encontrar a alguien que baile al ritmo de tu misma música. Es sentir que, por una vez, conoces el ritmo de la vida. Es un acto en el que ambas personas se funden en la esencia del otro. Es una experiencia fuera del cuerpo y aun así sientes todo. El tiempo y el espacio trascienden. Y sin embargo es un momento inolvidable de la vida terrenal. Es una danza sincronizada en la cual improvisas todos los pasos, por lo tanto, termina estando llena de contradicción y de misterio. Y sin embargo, siempre sabes cuando llega. Todos lo sabemos. Es el amanecer del amor».

Alessandro Marino | *26 años* | *actor*

¿Cómo describirías un buen beso?

Este libro no está completo sin tu respuesta.

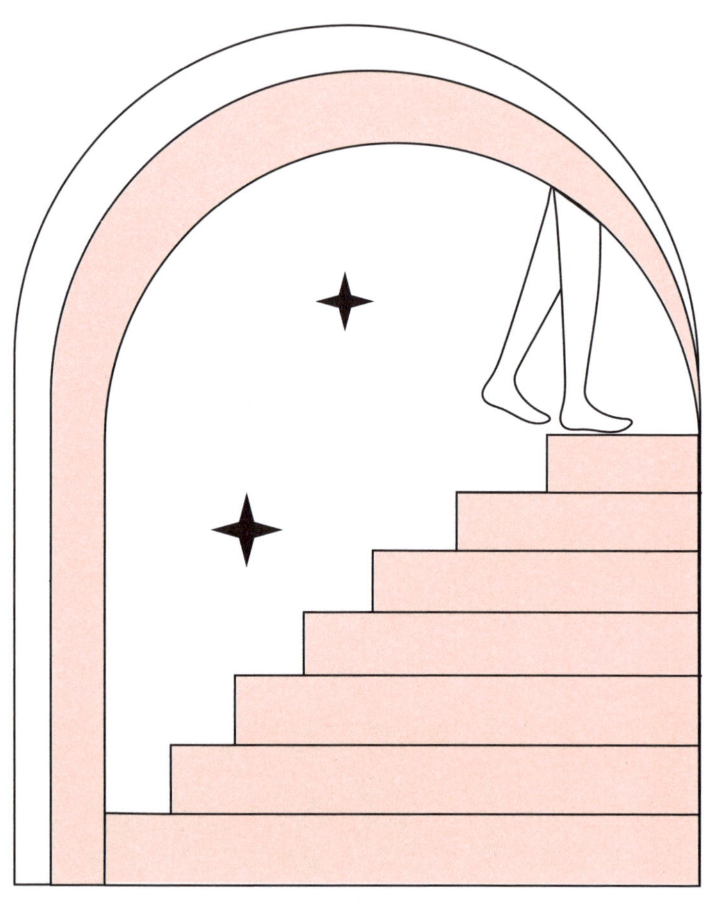

¿Qué significa tener éxito o por qué consideramos que algunas personas son exitosas y otras no?

• ¿Qué es el éxito? • ¿Cuánto cuesta?
• ¿De qué depende? • ¿Es algo
externo o interno? • ¿Cómo se mide?
• ¿Podríamos cada quien tener una
definición distinta? • ¿Cuánto tiempo
toma alcanzarlo? • ¿La idea de éxito
de quién estás siguiendo? •
• ¿Te consideras alguien con éxito? •
• ¿Por qué no consideramos a todas
las personas exitosas? • ¿El éxito
es solitario? • ¿Puedes tener éxito
aunque los demás no lo vean? • ¿Qué
hace a alguien exitoso(a)? • ¿Es más
exitoso el que cotiza en la Bolsa o
el que tiene el corazón lleno? • ¿Los
fracasos nublan la posibilidad de
volver a intentarlo? •

• ¿Crees que se puede ser exitoso cuando estás sentado en tu zona de confort? • ¿Tienes que sacrificar algo para ser exitoso? • ¿Las personas más exitosas que salieron en portada de revista conocerán lo que se siente tener algo que el dinero no puede pagar? • ¿Las personas que tienen las cosas que culturalmente se perciben como «éxito» (dinero, poder, fama, belleza) son felices? • ¿Puedes ser exitoso(a) siendo tú mismo? • ¿Seguirías siendo exitoso(a) si perdieras todo lo que ahora tienes? • ¿El éxito es el camino o la meta? •

LETY:

De niña creía que había una receta para llegar al éxito: sacar diez en todo, estar hasta adelante, ganar el premio de ortografía, estrellita en la frente. Luego fui creciendo y creí exitosos a quienes eran aplaudidos por millones, mujeres y hombres (casi siempre hombres blancos) que aparecían en la lista de los 50 más exitosos, inteligentes, millonarios, guapos, etc. Todas estas listas que celebran la belleza, el éxito, el reconocimiento y la fama como lo más importante en la vida. Creer en esta idea de éxito nos ha llevado a buscar todo esto desenfrenadamente. Estamos obsesionados por trabajar en exceso para poder convertirnos en «alguien» reconocido, como si no fuéramos alguien valioso por el simple hecho de existir. Como si el valor de una persona dependiera de algo externo.

Si creamos una vida basada en la búsqueda de todo esto, nunca seremos libres porque nada de eso que estamos buscando vive o depende de nosotros. Permanecemos entonces atados a cosas ahí afuera, midiendo nuestro valor y poder con base en ellas. Es como estar atrapados en un laberinto eterno de trabajar más, para tener más, para gastar más, para necesitar más, para desear ser alguien más y al final solamente se siente un vacío MÁS grande.

El verdadero poder no está afuera, vive adentro. Está en la verdadera conexión y expresión de nosotros mismos, en encontrarle un sentido a lo que hacemos. Hacer y seguir con convicción eso que enciende nuestra alma y corazón. Ese regreso a quienes somos auténticamente, acceder a nuestro poder para dejar la idea de creer que necesitamos algo más para tenerlo.

La mayor parte de las veces, las personas genuina y auténticamente exitosas están llenas de cosas que el dinero no puede pagar, conectadas profundamente a ellas mismas y a quienes les rodean. Eligen siempre la paz para tomar decisiones. No tienen miedo de ser luz y sombra. Tienen vidas donde a pesar de lo extraordinario, cultivan lo ordinario. Procuran sus relaciones cercanas y, con todo y dificultades, aman. Abrazan la vida como es sin importar las circunstancias y viven en constante rendición ante lo que hoy es. Buscan ser mejores seres humanos cada día iluminando su camino y el de los demás. Aportan para dejar este mundo un poco mejor de lo que lo encontraron en pequeños actos llenos de congruencia. Esto para mí es éxito.

ASHLEY:

- Éxito es despertarte a la hora que quieras, en donde quieras y sobre todo con quien quieras.
- Éxito es decir quién eres fuerte y sin miedo.
- Éxito es no tener que mentir para esconder partes de ti.
- Éxito es amar y ser amada por las mismas personas.
- Éxito es levantarte todos los días a dar lo mejor que puedas.
- Éxito es trabajar en tus sueños y en tus causas.
- Éxito es saber que somos más que nuestras ansiedades y depresiones.
- Éxito es sentir que tu piel es el hogar que somos y que tanto hemos buscado.

- Éxito es encontrar a grupos de personas en los que puedas ser parte y que te consideren indispensable.

- Éxito es saber de dónde vienes, pero que esto no defina a dónde vas.

- Éxito es encontrar quien te escuche y escuchar.

- Éxito es poder honrar a tus papás.

- Éxito es que te esperen en casa después de un viaje.

- Éxito es ser tolerante con los del otro lado, aunque seas firme en tus opiniones.

- Éxito es saber en qué crees, qué quieres, qué te enciende, qué te detiene, qué te come por dentro, quién te pesa, quiénes te acompañan, a dónde quieres ir.

- Éxito es reinventarte cuantas veces lo sientas necesario, saber que la vida es tuya para vivirla y lo que digan es sólo música de fondo.

- Éxito es aprender a confiar que las corrientes de la vida te llevan siempre a puerto seguro.¶

■ ■ ■

Javier Hernández (Chicharito)

| *32 años* | *futbolista* |

«En el mundo capitalista y superficial el éxito está relacionado con la cantidad de dinero, fama y poder que alguien tenga para considerarse exitoso. Pero para mí el éxito está en el crecimiento personal, en actuar con conciencia cada segundo que pasa en tu vida y que estés lo más conectado al amor para así poder crear la vida que te mereces».

Marco Antonio Regil

| 50 años | conferencista, conductor de televisión, podcaster y activista |

«El concepto de éxito es algo muy relativo pues regularmente se mide por el puesto o empresa que tienes, dinero que ganas, la casa que tienes, el auto que manejas, la ropa que usas, etc. Yo aprendí hace ya años que ése no es el éxito que realmente importa. Para mí, éxito es tener el valor de seguir a mi corazón, ser valiente y conectarme con algo que va mucho más allá de lo material. Claro, tener dinero es muy importante pues puedes crear el espacio para disfrutar tu vida, para seguir estudiando, para viajar y para ayudar a los demás, pero de nada sirve todo el dinero del mundo o la casa enorme si estás sufriendo por dentro, si no sabes amarte a ti primero, si todavía ves a los demás y a ti con los ojos del ego, que sólo saben juzgar, comparar y criticar. En el momento en que logras entender que vales y mereces amor simplemente por el hecho de que existes, en la medida en que aprendes a observar tus pensamientos y te das cuenta de que puedes dejarlos ir e incluso cambiarlos, en la medida que descubres que tu verdadera esencia es el amor y que sólo tienes que quitar los pensamientos limitantes que te separan de vivir plenamente esa realidad, es ahí donde yo creo que está el éxito. Yo mido mi éxito con base en el nivel de paz interior y armonía que puedo crear y conservar en mí, especialmente cuando todo alrededor entra en un caos».

Farid Dieck

| 27 años | escritor y artista |

«Para mí una persona exitosa es aquella que ha logrado construir un significado o sentido a su vida. Una persona exitosa laboral o profesionalmente puede ser miserable en su vida cuando carece de sentido. Cuántos casos de personas hay que se han suicidado teniéndolo aparentemente todo. Pues bueno, parecía que lo tenían todo y que lo habían logrado todo, pero carecían de algo fundamental. Carecían de lo que sostiene la vida de uno: sentido».

■ ■ ■

«Creo que todas las personas somos exitosas a nuestra manera y a nuestro tiempo. Cuando tengo ataques de ansiedad para mí es un éxito enorme el poder saber que ya pasó y que lo logré. Cuando estoy deprimida mi mejor éxito es bañarme».

Ana Lucía Gándara | *24 años* | *mercadóloga*

«Creo que se ha vendido una idea errónea que conecta ser exitoso con tener mucho dinero y lujos. Como si fuera una escalera en la que el que más tenga es el que está más arriba. Sin embargo, he experimentado la realidad del éxito que es ser parte del proceso de la meta de vida que vas forjando para ti mismo, donde puedas estar feliz, en calma, sin necesidad de más, aunque sea un constante evolucionar. No creo que el éxito sea algo a donde llegues y donde permanezcas por el resto de tu vida, creo que son diversos senderos que completas a lo largo de la vida y que cuando uno termina, empiezas con otro».

Kassandra Mariel Portillo Saltos | *24 años* | *maestra*

«El éxito es ser libre, hacer lo que te mueva el alma, lo que te haga sentir vivo y amado, eso es ser exitoso. Y la gente no exitosa es quien busca lo material, la que se ciega por el dinero».

Católica Gómez | *22 años* | *estudiante*

«Mi idea de éxito se basa en cuánto pudimos ayudar a otros, y qué tipo de huella dejamos en la vida de las personas que pasan por nuestro camino».

Madeleine Romero | *20 años* | *emprendedora*

«¡Tener éxito es ser tú misma! Los que tienen éxito es porque no están sujetos a cánones ni a estereotipos».

Cati Preciado | *48 años* | *psicóloga*

«El éxito es hacer lo que amas, es estar en paz contigo mismo. Siempre lo hemos asociado con la economía y no. Hay gente que tiene los bolsillos vacíos, pero el alma llena».

Luisa María Sanz | *17 años* | *estudiante*

«Últimamente está supernormalizado el hecho de que llevar una vida ocupada todos los días, a todas horas, significa que eres más exitoso. Eso no es cierto, me gustaría que dejaran de normalizar eso, esa competitividad entre quién es más o quién hace más. Cada quien tiene sus metas y cada quien tiene sus tiempos».

Paulina Amaya | *27 años* | *comunicóloga*

«El éxito es cuando llegas a un lugar y alguien te espera, desde toda tu familia, hasta una colita moviéndose al verte».

Mónica González | *27 años* | *fisioterapeuta*

«Éxito en la vida es sentirte contenta con quien eres. Con tus creencias, con tus logros, con tus fallas, con tu cuerpo, con todo lo que eres. Es respetarte, cuidarte, amarte y ser feliz con lo que eres. Eso es tener éxito en la vida».

Cinthia Lozano | *31 años* | *mercadóloga*

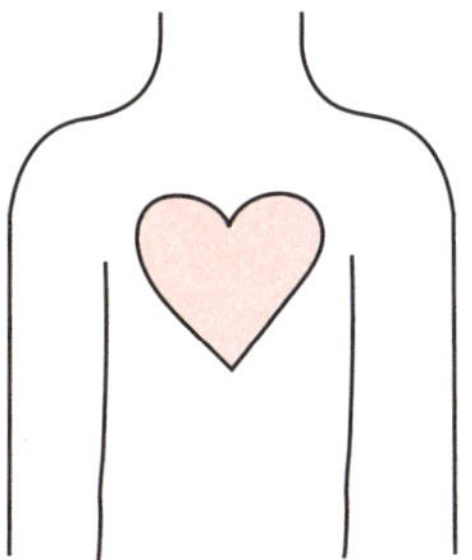

«Es vivir la vida como dicta el corazón».

Daniela Rodríguez Vásquez | *20 años* | *estudiante*

«Yo siempre pensé que el éxito era terminar una carrera, trabajar, casarme y tener hijos, ¡vaya sorpresa de la vida! Hoy me enfoco muchísimo en vivir de una forma tranquila, busco momentos de paz, de respiro y valoro mucho mi compañía. Hoy sé y entiendo que mi definición de éxito no tiene nada que ver con la que tiene mi mamá, mis tías o mis amigas. Mi éxito es éste, estar escribiendo ante ustedes que tanto me han aportado, mi éxito es saber que todos tenemos un objetivo diferente y entender que nadie está mal. Tengo amigas a punto de casarse, otras que están en la especialidad, otras más mueren por ser mamás, y eso es parte de mi éxito: admirar lo que cada una hace y trabajar en lo mío, no comparar tiempos, ni personas. Todos vamos caminando al ritmo de nuestra canción favorita».

Dulce Camargo | *24 años* | *abogada*

«Ser exitoso para mí tiene que ver con algo totalmente interno: lograr coherencia y congruencia entre el decir, pensar y hacer».

Paola Albo | *27 años* | *psicóloga*

«Tener éxito para mí es: estar donde quiero estar, con las personas que quiero estar, haciendo lo que quiero hacer. Ese tripié es infalible».

Cecilia Reséndiz Anzo | *33 años* | *diseñadora*

«Ser feliz con lo que tienes y con lo que has logrado. Estoy feliz con mi vieja oficina del centro porque es mi espacio, soy feliz con mis pocos amigos porque sé que son verdaderos, soy feliz con mi cuenta del banco porque sé que me da lo necesario. ¿Aspiro a más? ¡Claro! Planeo construir los *headquarters* de mis sueños, quiero poder decirles a mis papás que les voy a regalar un crucero *all inclusive*, pero ahora soy tan feliz con lo que he logrado, con el éxito que he tenido, que no creo que tener el coche del año o las oficinas más modernas me haga más feliz de lo que soy ahora. Para mí el verdadero éxito es ser feliz con poco o con mucho y apreciar las pequeñas cosas».

Samantha Turrubiate | *24 años* | *diseñadora*

«Durante toda mi vida significó tener todos tus asuntos bajo control. Ahora lo relaciono con soltar el control y ser capaz de fluir con la vida; alguien exitoso para mí, es alguien que ya se conoce bastante a sí mismo».

Vanessa Aristizábal | *31 años* | *comunicóloga*

«Tener éxito es perseguir lo que amas y no estar cuestionando o imaginando el qué pasaría si hubieras escogido otra vida. Creo que una persona exitosa es la que salió de su zona de confort para buscar su llamado, buscar aquello que la hace feliz; y por el contrario, una persona no exitosa es aquella que prefirió vivir la vida que más fácil se le presentaba con tal de no tener que lidiar con el fracaso».

Carolina Ortiz Colunga | *24 años* | *ingeniera ambiental*

«La definición del éxito es un constructo social que muchas veces se le ha catalogado por generar expectativas irreales a los seres humanos, y que al mismo tiempo lo que hace es deshumanizarlos, ya que todos los individuos tiene situaciones diferentes, perspectivas y personalidades diferentes; por lo tanto, el término éxito no debería ser encasillado en una sola cosa. Considero que el éxito sólo puede definirlo cada persona de manera individual sin importar qué dice la sociedad».

Valeria Ramos | *20 años* | *estudiante*

«Mi éxito recae en cuántas personas he podido tocar. Cuántas personas se han sentido escuchadas e importantes cuando han estado conmigo. A cuántas pude plantar una semilla de reflexión que las ha llevado a ayudar a otros».

@MadreHadisima | *36 años* | *mamá bloguera*

«Creo que el éxito está en lo que decidas poner tu atención. Que está en mí, en ser libre, en respetarme. Hoy la manera de hablarme es diferente, es buena, es amorosa y así me siento más exitosa. Creo que también está en conocer lo que quiero y lo que no quiero, el conocimiento es poder y cuando te conoces eres lo más poderoso que tienes».

Ana Cristina Ostos Benavides | *25 años* | *maestra*

«Nos han metido la idea de que sólo algunas cosas construyen el éxito. Pero creo que es algo sumamente personal y creo que va cambiando con el tiempo. Hay etapas en las que queremos conseguir algo y después buscamos otra cosa. Pero para mí, tener éxito es tener paz. Lo que sea que te dé paz, ahí está el éxito».

Ana Karen Sánchez | *24 años* | *empleada*

«Siempre lo hemos relacionado con figuras de poder, de dinero y de fama, pero creo que el éxito se basa en desarrollar nuestra capacidad a su mayor potencial. Que nuestros esfuerzos puedan hacer brillar al máximo nuestros talentos».

Raúl Guzmán | *42 años* | *periodista*

¿Qué significa tener éxito o por qué consideramos que algunas personas son exitosas y otras no?

Este libro no está completo sin tu respuesta.

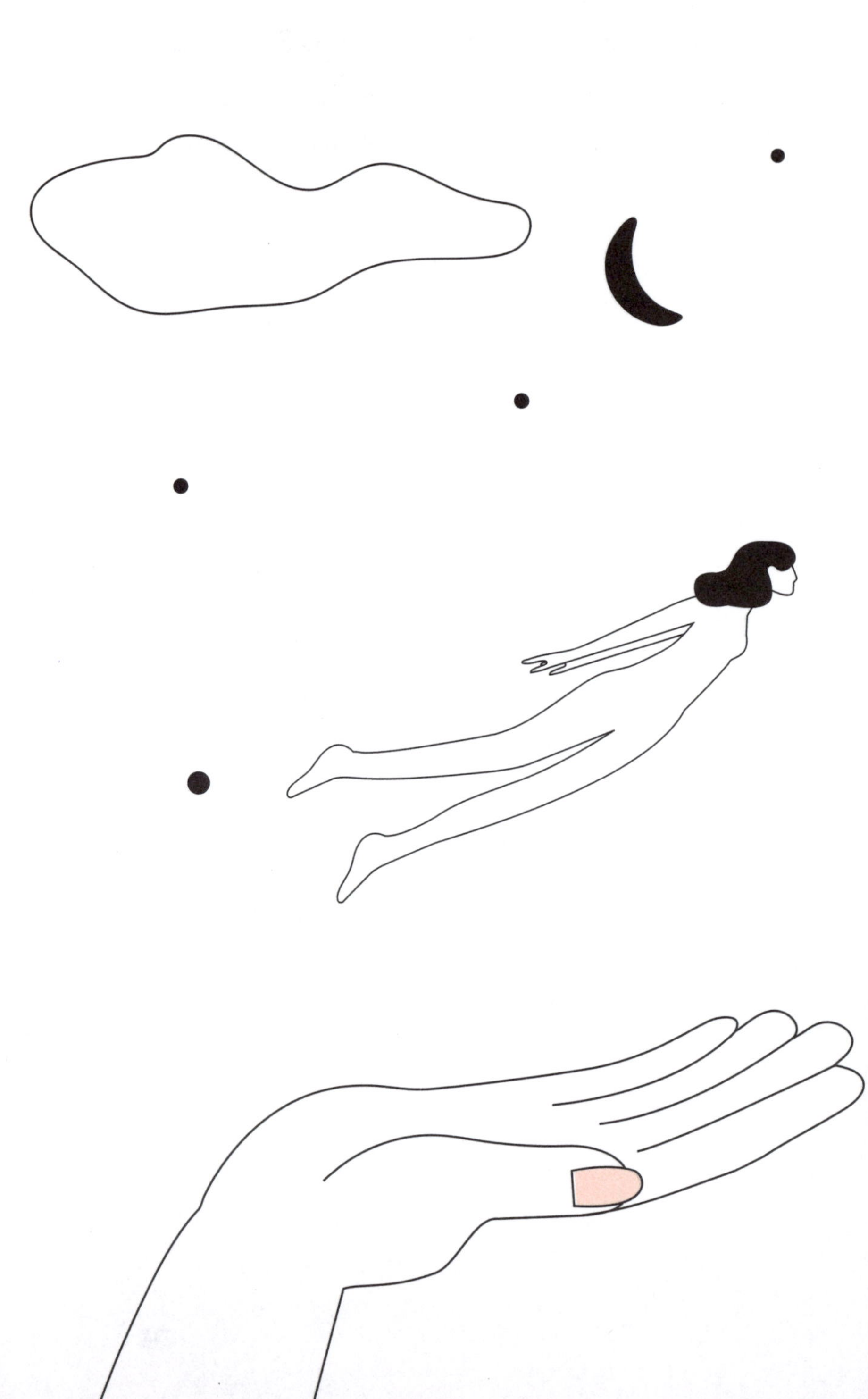

¿Cuándo crees
que es momento
de dejar ir a alguien
de tu vida?

• ¿Cuánto llevas tratando de sostener algo que quiere irse? • ¿Por qué te aferras? • ¿Es cierto que si amas algo tienes que dejarlo libre? • • ¿Cuándo es hora de tirar la toalla? • • ¿Qué necesitas para dejar ir? • • ¿Vale la pena el espacio que ocupa todo lo que está en tu vida? • • ¿Cuántas veces repasas la misma historia en tu cabeza? • ¿Se vuelve más fácil soltar con la práctica? • • ¿Cuánto tiempo llevas viviendo en el pasado porque no has dejado ir lo que ya no es? •

• ¿A lo que hoy te aferras alguna vez fue desconocido para ti? • ¿Por qué creemos que las personas son nuestras? • ¿Puedes perdonar y hacer las paces con la idea de que el pasado no va a cambiar? • ¿Le tienes miedo a lo desconocido? • ¿Sanaste lo que viviste? • ¿Ya hiciste espacio para algo nuevo en tu vida? • ¿Has probado la libertad que llega cuando eres capaz de soltar? •

• ¿Qué tan libre caminarías si dejaras ir todo lo que se fue? •

ASHLEY:

Dejar ir no es algo que se me dé fácil. Aprendí a soltar un poco a fuerzas. La vida jalando, repitiéndome que era tiempo y yo enraizada en mis lugares.

Aprendí practicándolo de lunes a domingo a toda hora. A dejar ir entre tirones y berrinches. No he sabido hacerlo sin sufrir. Cada cambio, cada despedida me ha costado. Escribir lo contrario sería mentir, pero pongo aquí algunas certezas que tengo de este tema, del cual todavía sé muy poco:

(Espero en algunos años aprender a viajar más ligero).

- Dejar ir es más una constante bienvenida que una eterna despedida.

- Uno realmente no se va de ningún lado del que no tiene que irse. La vida siempre es sabia y te lleva a tus caminos dejando atrás otros que no son tuyos. Entonces no dejamos ir, no soltamos, sino que seguimos nuestros caminos acabando siempre donde tenemos que acabar, estando siempre con los que tenemos que estar.

- Entender los ciclos de la naturaleza me ha ayudado a entender los míos. Saber que la constante más grande, entre todo lo que ha pasado en esta Tierra, es el cambio, el inevitable cambio que ocurre y que ayuda a que nuestra especie avance. Entre más rápido aprendamos esto, más aprendemos a dejar ir. Saber que el cambio es la única forma en la que está trazada nuestra existencia. Que nos va a cambiar todo, desde la opinión hasta las tetas. Nada permanece estático, la vida es un eterno río camino al mar.

- Un gran indicador en mi vida sobre cuándo es momento de dejar ir ha sido cuando el amor duele. Porque me gusta vivir creyendo que el amor es siempre suavecito. Es siempre costa y no mar abierto. Es una sombrilla en medio de un día caliente, y no es un tsunami que rompe los cristales de tu sala.

- Dejar ir todo lo que no nos sirve, sólo nos liberará. Nos dejará caminar más ligero en esta vida que suele ser complicada. Entonces soltar es prepararte para un viaje más sencillo, con menos ruido. Dejar ir la idea de que entre más tengo, más soy. Aprender que sólo es libre aquel que vuela ligero.

Y por último, sería que dejar ir se siente a veces como una misión kamikaze pero es más un acto de amor propio que cualquier otra cosa.

LETY:

Es momento de soltar cuando algo ya no se sostiene por sí mismo. Cuando ya no hay un deseo genuino siquiera de intentarlo, cuando hasta las ganas están agotadas. Cuando necesitas una historia que contarte de por qué insistes. Cuando ignoras tus corazonadas y esa voz dentro de ti que te dice que ahí no es, que el amor así no se siente. Cuando tus límites han sido cruzados una y otra vez. Cuando para quedarte tendrías que hacerte más chiquita. Cuando no puedes acordarte de la última vez que sentiste paz. Cuando te duele el estómago y no son mariposas. Cuando quedarte ahí, significa elegir a alguien por encima de ti. Cuando te niegas a ver la verdad que ya no encuentra dónde esconderse. Cuando aferrarte duele.

Una parte de nosotros siempre lo sabe; lo ve, lo huele, lo intuye. Se siente en el cuerpo, en la soledad en compañía, en la distancia estando en la misma cama, en la mirada, en el silencio que incomoda. Y aun así elegimos no ver. Insistimos por miedo a que no quede nada. Por miedo a quedarnos solos. Estiramos esa liga hasta que se rompe, por si había algo que salvar, por si el tiempo podía reparar lo que hace mucho se rompió. Hay una parte nuestra que siempre sabe. Esa verdad vive adentro de nosotros, pero duele mucho verla.

¿Será que lo más duro no es dejar a la persona, sino abandonar la historia que creamos en nuestra cabeza? Soltar significa hacer las paces con todo lo que fue, lo que es y lo que ya no será. Despedirse de los sueños y los planes que se acaban, la idea de esa persona, el futuro imaginado, la historia compartida que ahí muere y los espacios que ya nadie habita. ¿Cómo se deja ir algo que en algún momento significó todo? ¿Qué motivo tiene el peso suficiente para tomar esa decisión? A veces pasa algo que lo rompe todo de tajo, un viaje de ida del que ya no hay vuelta atrás. Otras veces se va escurriendo, entre los dedos, con el paso del tiempo. Se va de a poco, sin hacer ruido, hasta que un día te despiertas y ya no queda nada.

Una cosa es irte físicamente y otra es irte de corazón. El corazón guarda pedazos de todas las personas que alguna vez lo habitaron, y cuando se van, una parte de ellos se queda ahí. Continuar toma tiempo, necesita un reacomodo de piezas y de la vida misma. Para dejar ir de verdad hay que invitar a la tristeza y al dolor, sentarnos con ellos en casa, hacerles un espacio y sentirlos. Decir lo que se quedó atorado, llorar lo que no fue, perdonar lo que dolió, regalarnos el tiempo y la paciencia que toma volver a empezar. Ahora que volteo atrás, todas esas veces que no supe irme a tiempo estaba desconectada, desconectada de mí, de mi cuerpo, de mi intuición, pero sobre todo desconectada de la verdad.

¿Que duele?, sí duele y mucho. Los cambios duelen, pero más duele quedarse en un lugar en el que ya no hay nada más que la insistencia. Más duele aferrarse, cargar con ese peso que hunde, fingir que no llegó el derrumbe. Y aunque duele, justamente este dolor viene a mostrar partes de ti que no conocías y abren un mundo infinito de posibilidades. Dejar ir es dejar llegar. Hay que aprender a soltar para abrir espacio a lo que está por venir. ¡Deja ir lo que sea que te esté deteniendo, suelta! Nada se compara con la libertad que viene cuando encuentras el valor de soltar tus ataduras.¶

■ ■ ■

Daniel Habif

| *escritor y conferencista* |

«Existen un centenar de factores que pudieran definir esta respuesta, y para cada una hay un millar de criterios. Reduciendo a lo más eficiente, yo accionaria de dos formas. La primera, sería responder a esta pregunta: ¿En verdad amo a esta persona? Si la respuesta es afirmativa y honesta, sin los tumultos que causan los caprichos y el furor emocional, basada en un diagnóstico profundo y sofisticado, asumo que hay amor sincero. De allí puede partir una fuerza inagotable para encontrar la manera valiente y creativa de superar cualquier reto en una relación. De lo contrario, para qué continuar. Si el oro se oxida, no era oro; si el amor se acaba, no era amor. La segunda forma es asegurar si el cariño y la estima se siguen generando y si están activos. Una buena base para comenzar a alcanzar esta respuesta es explorar los contextos que me ayuden a comprender las más agudas conveniencias y convicciones: ¿Está siendo pisoteada mi dignidad o sólo esta siendo golpeado mi ego y mi egoísmo ? La respuesta a esta pregunta determina si terminar o no la relación.

Luego viene el "Cuándo hacerlo", que debe ser regido por la sabiduría y por la paz integral de mi ser. El "Cómo hacerlo" vendría a continuación producto de la autoestima y la seguridad; mientras que el «Por qué dejarlo» está amarrado a los hechos irrefutables. Para finalizar, pocos entienden que más importante aún es el "Cómo te vas", ya que la gente se conoce más por cómo se va que por el cómo llegó. Hay que irse con dominio propio, retroceder con serenidad y dejar ir con generosidad, sin herir, sin denigrar, sin venganza. Soltar duele, pero ¿cuánto lastima sostener? Separarse siempre será algo triste, por ello el reto más complejo no siempre es dejar ir, sino renunciar a nuestro pedazo que se quedará con esa persona. Y si alguien se va a ir sin importarle todo lo anterior, pues, que se vaya, pero que no se quede en medio y se quite de la puerta, porque estorba».

Mario Guerra

| *psicoterapeuta, conferencista y escritor* |

«Ésta es una pregunta muy interesante porque, aunque nominalmente digamos que todo se reduce a "dejar ir", pienso que esto no es posible al menos no como muchos lo imaginan. Yo pienso que es más bien un reacomodo o recolocación de alguien amado en nuestras vidas. A veces va de recolocar a alguien desde una presencia física a una simbólica (como con los que han muerto), o a veces recolocar a alguien desde una presencia dolorosa a una más neutra (como en una ruptura emocional). Considero que una vez que hemos formado con alguien un vínculo significativo en nuestras vidas, lo que se puede hacer es reubicarlo en un lugar distinto del que en algún momento le colocamos. Antes eras "el aire que respiro"; hoy "un suspiro que me asalta de vez en vez". No te quiero menos sino te quiero distinto, podríamos decir. A veces te pongo cerca y en un altarcito y otras te ubico muy lejos y en algún baúl que prefiero no recordar. Pero respondiendo a la pregunta en sus términos: el momento de "soltar", "dejar ir" o, mejor dicho, "recolocar" a alguien, está marcado por la conciencia y aceptación de que una relación ya no nos hace bien o que seguirla manteniendo en un lugar inadecuado resulta muy costoso y nos lastima».

Jeff Brown

| *escritor* |

«Dejar ir es difícil, particularmente cuando la conexión ha sido un verdadero compromiso espiritual. Es complicado imaginar que tenemos que dejar ir cuando el alma está involucrada y sin embargo, debemos de hacerlo. Quizás es mejor verlo como una forma de atravesar, dejar pasar el dolor por los espacios que hay para que llegue a su destino final. Eso no significa que dejes ir el amor, pero puede significar que abandones el sueño de estar juntos. Nunca es fácil, pero a veces, es un paso necesario en el camino hacia la plenitud. Nuestras almas se expanden cuando vivimos cada aventura hasta la transformación de fondo. Dejar ir es dejar crecer».

...

«Cuando ya tu instinto te dice: "¡BASTA, estás en el lugar equivocado!". Tu intuición te habla de mil formas, en sueños, con miles de alertas; hagámosle caso, es la más poderosa. A veces, como seres humanos, somos tan necios y nos aferramos a algo que ya no trasciende en nuestras vidas; nos podemos hacer mucho daño sin darnos cuenta, pero la propia vida te manda la respuesta en el momento más indicado».

Mayra Sandoval | *30 años* | *estudiante y empleada*

«Creo que es importante darte cuenta cuándo vales más tú. Aferrarte a la idea de no soltar a alguien duele más que la separación en sí. No es un truco de magia, toma muchísimos intentos hasta que, sin que te des cuenta, es el bueno. Es momento de soltar a alguien cuando ya no te sientes identificado con lo que estás viendo en ti. Es importante soltarlo cuando sabes y sientes que no eres tú. Todo el tiempo cambiamos y el dejar ir a alguien que alguna vez fue primordial para ti, es un cambio que requiere que te rompas y te transformes en una versión más tuya que antes».

Valeria Enríquez | *23 años* | *estudiante*

«La vida es impredecible, no podemos elegir muchísimas cosas del día a día, pero sí podemos elegir con quienes nos rodeamos. Entonces cuando no nos está haciendo ningún bien y sentimos que nos está haciendo mal, hay que soltar».

Lara Pombo

«Cuando entendí que el apego duele y el amor no, todo se aclaró en mi corazón. Muchas veces buscamos forzar una relación y somos egoístas al creer que uno tiene que depender del otro. Sin darnos cuenta de que el dejar ir es dejar llegar, y que la vida siempre trae cosas hermosas cuando nos dejamos de resistir».

Anaí García | *25 años* | *maestra*

«Cuando no sientes paz al estar con esa persona, la paz es un medidor fundamental para la vida. Si uno se siente pesado, cansado, estresado o triste con alguien, lo mejor es soltar».

Juanita C. | *23 años* | *abogada*

«Las cosas no se tienen que poner feas para soltar a alguien, yo creo que basta con tener una sola cosa con la que tú creas que no puedes vivir toda la vida, para dejarlo ir. Puede haber muchos defectos pero lo importante es contestar: ¿puedo vivir con ellos toda mi vida?».

Constanza Guerra

«Cuando ves que la relación no tiene un norte; no hay propósitos a corto, mediano o largo plazo establecidos entre ambos».

Fresa Marte | *30 años*

«A veces por miedo a estar solos aceptamos quedarnos o estar en lugares donde no nos quieren, donde no nos cuidan, donde no nos aceptan. El aprender a estar solos es una de las más grandes y difíciles hazañas que quizás el ser humano haga. Sin embargo, el aprender a escucharnos a nosotros mismos será siempre la mayor señal de amor propio y autorrespeto. Definitivamente, cuando algo dentro tuyo dice que "ahí ya no", es porque definitivamente ahí ya no es y de manera sabia hay que saber agarrar nuestras maletas, agradecer y emprender un nuevo viaje».

Mariana Castañeda Najar | *24 años* | *licenciada en Turismo*

«Cuando por permanecer nos perdemos a nosotros mismos».

Verónica Gama | *23 años* | *estudiante*

«Yo creo que las personas llegan a tu vida para cumplir un propósito en ella, es importante que nosotros sepamos darnos cuenta de cuándo dicho propósito se ha cumplido y soltar. No hay que forzar las relaciones, por más que duela, a veces hay que soltar a las personas para evitar hacerles daño a ellos y a uno mismo».

Cristina Aldrete | *20 años* | *estudiante*

«Hay un poema que se llama "For a reason, for a season, for a lifetime": la vida es movimiento, es necesario aprender a soltar para permitir llegar, es necesario aprender a encontrar un equilibrio entre entradas y salidas para mantener lleno nuestro vaso de la vida. Muchas veces nos aferramos a algo/alguien, que nos hace más daño que bien, porque nos asusta la incertidumbre, el no saber qué o quién estará después. Es necesario aprender a emocionarnos por lo que viene, por lo desconocido y aventarnos con la certeza de que lo mejor siempre nos encuentra porque lo merecemos».

Valeria López Soto | *25 años* | *profesionista*

«No hay tiempo exacto. Muchas veces simplemente te levantas y dices: "hasta aquí", y en vez de insistir con esa persona, empiezas a elegirte a ti primero».

Angie G. | *23 años*

«Cuando sabes que hiciste todo para que funcionara y no funcionó. Cuando sientes que agotaste las formas para llegar, para comunicarte. Cuando aceptas que no tiene que ser para siempre, cuando te valoras y comprendes que tu paz es lo más importante».

Marti | *33 años* | *vendedora*

«En el instante en que esa persona se quiere ir. De nada nos sirve querer retener a alguien cuando está buscando irse. Soltar es amar, dejar que sea libre. Amar también implica dejar ir. Amor también es irte».

Marifer Lechuga | *22 años* | *arquitecta*

«A veces nos quedamos en una relación por costumbre, por resignación, porque se sintió muy bien al principio aunque ahora ya no. Si ya no hay espacio para soñar, crecer, bailar, correr, brillar; entonces ahí ya no es».

Lunín Pereda Villa | *30 años* | *Ventas*

«Como dice Borges: "después de un tiempo, uno aprende la sutil diferencia entre sostener una mano y encadenar un alma... así que uno planta su propio jardín y decora su propia alma, en lugar de esperar a que alguien le traiga flores". Creo que el mejor momento es cuando aprendemos por nosotros mismos el valor que tenemos y lo que queremos. Y entonces hay cosas que ya no se acomodan y simplemente dejamos ir».

Karla Piña | *30 años* | *docente*

«Cuando ya todo lo bueno es un recuerdo».

Eduardo Ros | *38 años* | *mercadólogo*

«Cuando distingues que no hay posibilidad de un cambio y avanzas, dejas las cosas que no tienen solución y te diriges a otro camino que te hace bien. Para mí decir adiós no significa olvidar la situación o a la persona, sino aprender a dejar ir el pedazo de ti que se quedó con ellas en el pasado, principalmente perdonar».

Estefi Mijares | *27 años* | *emprendedora*

«La vida nos da señales de cuándo es momento de dejar ir a alguien, lo cierto es que muchas veces no tenemos la capacidad de verlas, no estamos listos para hacerlo. En mi historia he tenido que toparme una, dos y veinte veces con situaciones donde no me dan mi valor, no me respetan; y no fue hasta que estuve lista para ponerme en prioridad que tuve la fuerza para dejar ir parejas, amigos o familia».

Celia Cazarez | *30 años* | *abogada*

«Nunca he sido experta en dejar ir, de hecho siento que he pasado años en relaciones que al final del día ya no funcionan para mí. He estado trabajando en eso y es impresionante darte cuenta de que el "momento" siempre estuvo ahí, pero la cobardía para afrontar la situación es la que no te deja aceptarlo. Pienso que es una corazonada, una sensación que sólo tu ser podría comunicarte. No te sirve que todo el mundo te lo diga, necesitas que tu ser te lo haga saber».

Karen Arellano | *25 años* | *arquitecta*

«Tan pronto como ya no veas un mañana con esa persona».

Tim MacLehose | *34 años* | *director comercial en Ogilvy México*

«Ese momento depende del miedo que le tenga al dolor y lo que conlleva ese cambio, creo que el miedo al dolor nos hace aplazar las cosas para evitar enfrentarlas cara a cara. Mi momento de dejar ir a alguien fue cuando supe que en ese capítulo de mi vida, esa persona no le iba bien a mi historia. Un día toqué fondo, después de tantos meses de ponerme excusas, miré a mi alrededor en busca de algo pero ya no tenía nada que perder, no tenía miedo de quedarme con ese vacío que esa persona dejaría, en ese momento lo solté de mi pensamiento que era en donde le necesitaba, después dejarlo en la vida real fue mucho más fácil».

Joselyn Martínez | *19 años* | *estudiante*

¿Cuándo crees que es momento de dejar ir a alguien de tu vida?

Este libro no está completo sin tu respuesta.

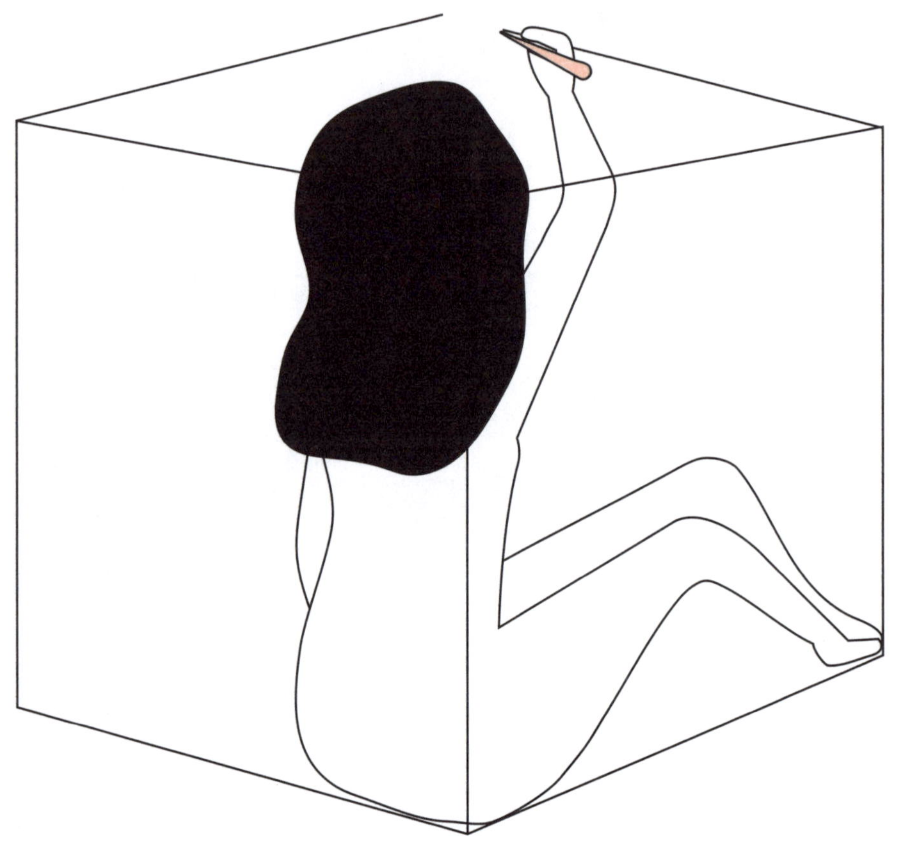

¿De qué manera
te has limitado?
¿Cómo lidias con
el autosabotaje
y el miedo?

• ¿Quién eras antes de que te dijeran quién tenías que ser? • ¿A qué le tienes miedo y cuántas veces te ha paralizado? • ¿Qué pasaría si toda esa energía que dedicas a sabotearte la utilizaras para crear? • ¿Qué repetían de ti una y otra vez mientras crecías? • • ¿Te creíste lo que decían? • ¿Cómo es tu diálogo interno? • ¿De qué te crees capaz? • ¿Puedes ver cómo eres tú quien decide qué es posible y qué no? • ¿Eres fiel a tus sueños? • ¿Qué pasaría si te das la oportunidad de hacer eso que tanto miedo te da? • • ¿Por qué te has limitado? •

• ¿Qué has dejado de hacer por querer ser como alguien más? • ¿Vives la vida que quieres? • ¿Quién crees que debes ser? • ¿Quién eres en realidad? • • ¿Tiendes a dejar las cosas para después? • ¿Has tenido el valor de reinventarte cuantas veces ha sido necesario? • ¿Por qué no lo intentas? • ¿Crece algo en la zona de confort? • ¿Cuántas cosas has dejado para después? • ¿Cuál es tu excusa favorita? • ¿Cuántas cosas dejaste de hacer por miedo a no hacerlas perfectas? • ¿Tus creencias te liberan o te limitan? •

LETY:

Me gusta creer que nuestras creencias nos liberan o nos limitan; las mías me limitaron durante años. Creí todas las historias que crecí escuchando sobre cómo tenía que ser y qué tenía que elegir. Pasé años tratando de encajar en un molde, editando todas las partes que creía estaban mal conmigo. Poco a poco fui apagando mi luz, mis sueños, mi voz, mi personalidad y así me convertí en todo lo que se esperaba de mí.

Tenía 16 años y estaba en el sillón de mi casa terminando de ver otro capítulo de *Grey's Anatomy* cuando empezaron mis ataques de ansiedad. Cada ciertos meses me daba algo entre el estómago y la garganta que hasta hoy no sé explicar, pero que me pedía a gritos que atendiera todo eso que vivía dentro de mí. Estaba llena de preguntas, sentada con nada más que excusas que ya no me convencían. Tenía ganas de patear el tablero y cambiar mi vida, de salir corriendo de todo y de todos, pero sobre todo de mí, de esa versión falsa en la que me había convertido. Viví de cerca la historia de mi mejor amiga y mi entonces novio que habían encontrado el valor de ir por lo que soñaban sin garantías de nada. Sentía una mezcla entre admiración hacia ellos y coraje conmigo; coraje por pasar un día más de mi vida escuchando a todos menos a mí. ¿Qué me iba a contar dentro de unos años? ¿Qué pretexto iba a tener el peso suficiente para quedarme viviendo la vida y los sueños de alguien más?

Los límites los aprendí afuera, pero los repetí una y otra vez dentro de mí hasta que los creí. Así es como yo me autosaboteo cuando me pongo expectativas, como si esta vida tuviera un libreto que seguir de cómo y cuándo hacer las cosas. Como si ya todo estuviera escrito y cuando algo no es como en mi cabeza lo imagino, entonces no puedo moverme. Hay veces que ni siquiera empiezo algo porque mi perfeccionismo no me deja dar el primer paso. Yo sola me pongo el pie cada vez que quiero ser diferente a lo que ahora soy. Cada vez que no me soy fiel a mí, a mis impulsos, a mi intuición y sobre todo a mi corazón. Cuando por estar buscando cosas afuera de mí, me desconecto de mi certeza. ¿Cuántas veces he sido mi propio obstáculo en lo que quiero hacer?

Mi libertad empezó cuando fui hacia adentro y encontré el valor primero de escucharme y después de hacerme caso. El día que empecé a tomar decisiones. En ese momento empaqué mis cosas y me fui a construir una vida diseñada por mí sin garantías de nada. En este proceso he ido entendiendo que soy yo quien escribe mi propia historia, dibujando todos los días los límites entre lo posible y lo imposible. Y que si en mí está el poder de escribirla, también está entonces la posibilidad de reescribir y cambiarla. Los límites viven sólo en nuestra cabeza, es ahí donde nosotros decidimos si merecemos o no algo antes de que suceda. Así vamos creando nuestra realidad.

El miedo es otra historia. Mientras más guardadito y más difícil de nombrar, más segura me siento, pero en lugar de perder fuerza, el miedo se alimenta en el silencio. No me deja moverme ni para adelante ni para atrás; paraliza. El miedo es lo opuesto a hacer, cualquier cosa en cualquier momento. Vivimos al margen de nuestras vidas por miedo y lo único que pasa mientras tenemos tanto miedo, es la vida. Así que aunque me dé miedo preguntar, más miedo me da suponer. Aunque me da miedo hablar, más miedo me da quedarme callada. Aunque me da miedo intentar, más miedo me da el hubiera. Aunque me da miedo amar, más miedo me da no sentir nada. Aunque me da miedo fracasar, más miedo me da no intentarlo. Justo detrás de eso que me da miedo, vive el mundo infinito de posibilidades: la magia, las cicatrices, la creatividad, los grandes amores, las aventuras, las lecciones, las anécdotas, la felicidad. Todo esto aparece cuando con todo y miedo, vamos. Toda la magia de la vida está cuando dejamos el lugar seguro, agarramos al miedo de la mano y con un poco de valentía seguimos caminando un paso a la vez.

Ahora invito al miedo a tomarse el té conmigo, trato de ver qué viene a mostrarme y de qué me quiere proteger. Le pongo nombre y cara, uno a uno los voy nombrando para verlos de frente, para que empiecen a perder su poder y se hagan chiquitos. El miedo, al final, es un gran maestro.

ASHLEY:

Me he limitado tanto durante mi vida que la lista sería eterna pero empecemos por los limitantes más grandes.

Durante mi infancia me limité a existir en los espacios en los que vivía, y en la edad que tenía. Creía que si hacía todo por mí misma, que si pedía poquita ayuda, si aprendía a ser adulta más pronto, podría estorbar menos y así fundirme con los días. Esto me llevó a ser una niña adulta, siempre pensando en todos y en todo. Me limité a ser una niña de la edad que me correspondía, me llené de obligaciones que ni eran mías y que no podía o debía de tener.

Luego ya de más grande me limité a mostrar quién era realmente. Siempre fui de muchos amigos y amigas, siempre de casa llena. Pero callé quién era yo en un intento desesperado por evitar que me conocieran y entonces descubrieran la vergüenza con la que caminaba todos los días. Esto se extendió hasta hace algunos años, donde por destino o por trabajo, por fin conté quién era. Aprendí que si no enseñas quién eres, si no muestras de qué estás hecho, no puedes tener conexiones que trascienden el tiempo.

También me he limitado en el amor, siempre conformándome con lo que me mandaba el viento. Nunca dejé que de mi boca saliera lo que realmente quería o sentía. Siempre moviéndome despacito dentro de mis relaciones para que no las fuera a romper. Estuve años en una relación donde yo sabía que ahí ya no iba a crecer nada, pero el miedo me paralizaba. El miedo de andar sola, y al final los dos nos limitamos el amor, nos lo dimos a gotitas, los dos caminábamos entre el miedo.

Mi libro de emociones con el que estoy obsesionada dice que el miedo viene a protegernos de algo, a hacer que abramos bien los ojos. Hace que nos enfoquemos en lo que creemos que importa y nos ayuda a poner más atención a nuestra vida. Ahora que leo esto, entiendo más sobre el miedo y el papel que ha jugado en mi vida. Me limité a creer que la vida que vivía era la única que podía tener. Como si en mí no estuviera la fuerza para cambiarla. Me limité al creer que era yo como una bugambilia en un callejón donde el viento la mueve de lado a lado y donde la temporada es quien la despeina. Creí que no era digna de esta vida que tengo, que alguien iba a entrar a robármela en medio de la siesta.

Aprendí ya entrados los treinta (por eso digo que crecer es increíble) que ni el miedo, ni la idea tan pequeña que tenía de mí, ni el limitarme tanto, podría frenar el hecho de que yo había venido a la Tierra llena de fuego por dentro. Que era sólo cuestión de tiempo para acordarme que mis pies sí podían estar firmes aquí. Entendí que no sólo yo, sino todos los que venimos a este planeta, tenemos algo que decir, algo que enseñar. Que todos merecemos la vida que queremos. Y lidio con esto hablándolo muchísimo, asegurándome de que los que me rodean pueden ayudarme cuando yo no puedo, yendo a terapia cada semana desde hace años. Leyendo, escuchando y hablando de cosas que me recuerden ese fuego con el que nací. ¶

• • •

Michelle Poler

| *32 años* | *fundadora y autora de Hello Fears* |

«Me limité a mí misma una y otra vez por los primeros 26 años de mi vida al elegir la comodidad sobre el crecimiento, al interpretar la sensación de miedo como una señal de peligro en vez de oportunidad, y al pensar que podría cumplir mis metas por la vía fácil. Llegó un día en que decidí sentar a mi miedo en el asiento de atrás de mi carro y a mi ambición al volante. A través de un proyecto de 100 días me comprometí a enfrentar un reto al día, cambié mi vida, mi carrera, mi manera de relacionarme conmigo misma y con otros. Me convertí en lo que yo llamo: mi ser más "unapologetic". Eso quiere decir: me adueñé de quien realmente soy, sin pedir perdón, permiso, ni sentir remordimiento. Únicamente cuando nos transformamos en nuestro ser más auténtico empezamos a tomar decisiones por nosotros, en vez de por satisfacer las expectativas de los demás. Nos permitimos fallar y afrontamos nuestros miedos con confianza y valentía. Porque no se puede vivir sin miedo, pero sí podemos decirles "hola" y aprender a vivir con ellos».

Marco Antonio Regil

| *50 años* | *conferencista, conductor de televisión, podcaster y activista* |

«Con mis pensamientos... Ésa es una batalla de todos los días. La vocecita en mi mente quiere juzgar, controlar y decidirlo todo, especialmente cuando algo se mueve o cambia. Mi mente cree que de alguna manera lo estable es positivo y los cambios, negativos; sin embargo, es mi labor recordar con conciencia que para que algo nuevo nazca tiene que haber una desaparición o caída de lo establecido. Es decir, para que un nuevo orden surja, lo que conozco tiene que estar en crisis y a mi mente la crisis le da miedo y si me descuido me paraliza cuando más necesito crecer, aprender y reinventarme. Manejar a mi mente para que ella no me maneje a mí, manejar a mis miedos para que ellos no me manejen a mí, es una práctica espiritual diaria».

«Todavía busco la aprobación de otros queriendo cumplir con las expectativas sociales. Tengo una línea de pensamiento que va fuera de la norma, pero me cuesta mantenerla por miedo al qué dirán, a que me juzguen, a que piensen lo peor de mí, a que dejen de hablarme, entre otras mil cosas que llegan a mi mente. ¿Qué hago para continuar y evitar el autosabotaje? Desconectarme un poco del exterior y conectar con mi interior. Conectar con mi propósito, con las cosas que me gustan, que amo, que deseo lograr. Conecto con lo que me hace ser yo. Recuerdo que no hay nadie en el universo como yo y que eso es suficiente para seguir llevando mi mensaje. Recuerdo que somos seres libres. Recuerdo que siempre que la intención sea buena, vale la pena hacerlo [aunque sea] con mucho miedo».

Lorena Hernández Cosme | *31 años* | *maestra*

«Contándome historias que no existen ni van a existir. Hace poco leí un libro que cuestionaba a su protagonista, ¿en qué pensarías si no estuvieras pensando en eso que te aflige? Y la respuesta es: en una cantidad de opciones que te permitirían estar bien... a veces dedicamos tanto tiempo a historias sin futuro, y a veces ya sin presente, que nos limitamos como si fuéramos nuestro peor enemigo».

Gabriela Soberón | *34 años* | *comunicóloga*

«Creo que me he limitado cuando me he casado con la idea de que no soy capaz, cuando ni siquiera lo he intentado. Creo que lo que me ha servido para vencer el miedo es pensar en todas esas cosas que he dejado ir por miedo, y que no quiero sumar más a mi lista».

Alynka Especiano | *28 años* | *psicóloga*

«Pensamientos de: ¿y si no es para mí?, ¿y si no es lo que estoy destinada a hacer?, ¿y si fallo? Identificar los pensamientos y cambiarlos por algo positivo: ¿y si sí es para mí?, ¿y si tengo éxito?, ¿y si es lo que siempre he querido?».

Amanda Uranga | *27 años* | *maestra de danza*

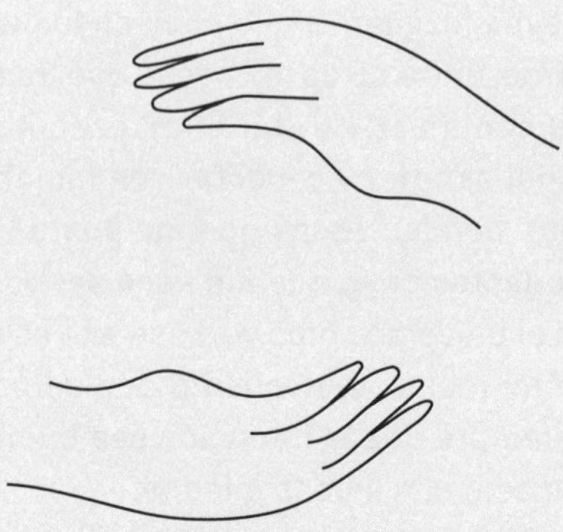

«Cuando creces en el barrio, el mundo te dice que estás limitado. Así que aunque no queramos muchos de nosotros crecimos con un diploma en autosabotaje. Me dije a mí misma que no era lo suficientemente inteligente. Me dije a mí misma que no era lo suficientemente mexicana o lo suficientemente americana. Me dije a mí misma que tuve suerte en lugar de reconocer mi trabajo. Permití que los profesores me dijeran que no llegaría a nada. Incluso después de que fui a la universidad becada, me dije a mí misma que me faltaba algo. Ahora veo que estaba viviendo en un lugar de carencia y miedo. Vivir así me llevó a creer que había algo más que necesitaba para sentirme completa. Vivir con miedo era a lo que estaba acostumbrada por la violencia que me rodeaba, era un modo de supervivencia, no de prosperidad. La forma en la que ahora lidio con el autosabotaje es preguntándome si estoy reaccionando basándome en experiencias pasadas y en el dolor. Me permito vivir en lo desconocido. Reconozco el miedo y lo reemplazo con fe».

Alejandra Avina | *27 años*

«Entendiendo que esta vida es ensayo y error. Que lo nuevo puede generar incertidumbre, miedo y ansiedad. Que son emociones que se generan por lo desconocido, tal vez porque esto nos empujará de nuestra "zona de confort", pero que sólo al intentarlo, al hacerlo, sabré lo que es y lo que puedo lograr. Que los deseos y las metas son hermosos, pero para hacerlos realidad hay que accionar y trabajar duro. Cuando me invade el miedo, siempre me pregunto: ¿qué es lo peor que puede pasar? Y mi respuesta es: no hacerlo o ni siquiera intentarlo. Y eso me hace reflexionar y entender que el "hubiera" no es una opción, al menos no para mí en esos momentos. Hacerlo con la certeza de que todo irá bien y si no, lo intentamos nuevamente o buscamos otro camino».

Nancy Guevara | *29 años*

«Creyendo que lo único a lo que venía a este mundo era a complacer a los demás. A vivir con base a lo que las reglas dictaban; dejar de ser quien fui por tantos años de mi vida, para ser quien yo pensaba que debía de ser».

Paulina de la Paz | *28 años* | *estilista de moda*

«Estar en una relación siendo la amante, me limitó a pensar que no era suficiente y nunca iba a serlo. Lo mejor que pudo pasar fue terminar yo misma esa relación. Creo que la mejor manera de lidiar con el miedo y el autosabotaje es siendo conscientes de que los tenemos y aceptarlos. El resto es un proceso confrontativo donde decides de qué lado quieres estar: si en el cómodo, pero tal vez mediocre, o en el riesgoso, pero satisfactorio».

Karina Navarro | *26 años* | *community manager*

«Soy una persona que sufre demasiado con esto. Constantemente tengo esta voz en mi cabeza que me dice "jamás serás suficiente". Me he limitado de tanto: amor, oportunidades de trabajo, cosas que pudieron cambiar el rumbo de mi vida, y que genuinamente me arrepiento. Trato de trabajar en arriesgarme más al hacer las cosas de todas formas».

Anónimo

«En algún momento de mi vida dejé de brillar porque sentí que eso molestaba a los demás, me apagué y me convertí en color gris. Fueron los días más tristes que he vivido. Después, aprendí que estaba en mi naturaleza brillar, ser alegre y energética; y decidí nunca más apagar esa luz por nada ni nadie».

Shantel Mora | *24 años* | *maestra de ballet*

«Me limito cuando no escucho a mi corazón. Cuando he tratado de encajar. Cuando me siento insuficiente o chiquita al lado de mis sueños, y sobre todo, cuando siento que no me merezco la vida que tengo y la dejo de agradecer».

Cris | *23 años* | *estudiante*

«El miedo me impulsa, más que aplastarme. Temprano en la vida aprendí que [el miedo] puede ahogarme si yo me quedo debajo; pero también puede catapultarme si me monto encima de él».

Paola Albo | *27 años* | *psicóloga*

«He luchado con el síndrome del impostor, y no es una sorpresa ya que a las latinas se nos ha dicho que no pertenecemos a posiciones de poder. No estamos acostumbradas a vernos representadas en las salas donde se toman las decisiones. Para mí es un acto de desafío y de amor propio, casi una protesta, tomar estos espacios. Aplicar para estos puestos de trabajo es duro y agotador. La gente cuestionará tus intenciones y contribuciones, podrán pasarte por alto o ignorarte, pero aquí es cuando te haces presente. Te preparas de más y trabajas el doble de duro. Te cuidas, y no porque tengas que demostrarle a nadie que lo mereces, sino porque siempre has pertenecido a estos lugares».

Andrea Rodríguez | *22 años*

«Me he limitado creyendo que no soy merecedora de las cosas buenas, o que no soy lo suficientemente buena para lograr lo que quiero. Al miedo se le manda a la fregada o se le guarda en el bolsillo, pero no lo dejas que se interponga en tu camino».

Arely Sáenz | *26 años*

«Me frena mucho tener que decirle las cosas negativas a la gente o callarme el enojo. A veces mi crecimiento está ahí y por miedo me estanco. Poco a poco voy comunicando asertivamente lo que no me parece (aunque con algunas personas me cuesta mucho más), y así las relaciones y planes se refuerzan».

Fer García Márquez | *25 años* | *psicóloga*

«Me limito cuando mi pensamiento se descontrola y entro en bucle. Le doy espacio al autosabotaje para existir con intensidad, porque luego se va más rápido y orgánicamente. Me perdono y me doy espacio para surgir de nuevo».

Desirée Egúsquiza | *25 años* | *comunicadora audiovisual*

«Tiendo a sentir que no soy suficiente, ya que soy muy perfeccionista. El miedo a no ser la mejor en todo momento es grande, y a pesar de que mi tenacidad me lleva adelante, he limitado mi felicidad. He tenido que trabajar mucho para aplaudir cada paso que dé, sea o no perfecto».

Greta Elizondo | *27 años* | *bailarina de ballet*

«Mi sabotaje normalmente se disfraza de "flojera", suelo convencerme de que puedo aplazar e inventar mil excusas para no dar todo mi potencial».

Fernanda Márquez | *21 años* | *diseñadora de moda*

«Siempre creo que no estoy a la altura de la circunstancia, que podría haberlo hecho o dicho mejor, que podría saber más, ser más linda, más inteligente, más, más, más».

Lucía Belén Mosqueira | *26 años* | *empleada administrativa*

«Me sigo limitando por miedo disfrazado de autoexigencia. Lidio con ellos haciendo "de a poquito", pero constante. Mi desafío es no abandonarme».

Fernanda Ávila | *34 años* | *terapeuta*

«Me rindo ante el miedo, lo dejo pasar. Limitarlo sería entrar en una pelea que sé que voy a perder. Lo veo y me entrego, lo siento y asumo las consecuencias físicas de pasar por ese lapso que sé que es temporal».

Fany Guarro | *37 años* | *psicóloga*

«En etapas de mi vida me limitaban quizá los juicios, la falta de contacto con mi ser, un poco más vertida en el exterior, tratando de cumplir expectativas de otras personas, acostumbrada a seguir un modelo o una estructura tradicional o rígida. Conforme fui madurando y acercándome a mis 40 años, fui soltando esas estructuras que lastimaban la congruencia con mi sentir. Considero que no es fácil romper con patrones establecidos, existen muchas lealtades invisibles que nos van deteniendo a tomar decisiones, o elegir en función de lo que realmente queremos. Quizá eso pueda generar ciertos miedos. Incluso, el sentir de pronto el rechazo o la crítica de lo convencional para aventurarte a lo que hace eco con tu sentir que te libera, pero al mismo tiempo te paraliza ante el miedo de arrojarte, pues sabes que una vez que te decides, no hay vuelta atrás. Como cuando el ave prueba su libertad, difícilmente regresa a la jaula. Pero definitivamente se requiere valentía para afrontar los miedos, ponerte de cara a ellos y vencerlos; pues cuando te eres leal a ti misma, el miedo va desapareciendo y aflora la serenidad. Para mí, es el sentimiento que más se acerca a la felicidad».

Claudia Hernández | *46 años* | *psicoterapeuta*

¿De qué manera te has limitado? ¿Cómo lidias con el autosabotaje y el miedo?

Este libro no está completo sin tu respuesta.

¿Qué es algo que siempre has querido decir y no te has atrevido?

• ¿Cuánto cuesta el silencio? • ¿Dónde se guardan las palabras que quieres decir y no dices? • ¿Por qué crees que esa persona no merece escuchar lo que tienes por decir? • ¿Alguien dijo lo que tú querías decir? • ¿A quién le falta escucharte? • ¿Ya le confesaste que te gusta? • ¿Cuánto llevas con esto guardado? • ¿Cuántas veces dijiste algo en lugar de decir la verdad? • ¿De qué sirven los secretos? • ¿Cambiaría algo eso que quieres hablar? • ¿Todavía estás a tiempo de decirlo? • ¿Cuánto pesa cargar un secreto? •

• ¿Qué historia te cuentas para justificar tu silencio? • ¿Qué has ganado con quedarte callado(a)? • • ¿Has contemplado su derecho a escuchar la verdad? • ¿Te vas a ir de aquí con eso que no has dicho? • ¿Por qué no te animas a decirlo? • ¿Ha valido la pena callar? • ¿Qué crees que cambiaría si hablas? • ¿No crees que si siempre lo has querido decir es por algo? • ¿En qué se convierten todas las palabras que no hablamos? • • ¿Le cuentas a alguien lo que no le dices a todos? • ¿Qué quería gritar tu nudo en la garganta? •

ASHLEY:

Me gustas. Te quiero. Estoy segura de que podríamos haberlo hecho funcionar. No me gusta que me hables por teléfono. No quería irme, pero me ganó el miedo. No. ¡Que no! Sí. Que sí. ¿Por qué crees que puedo ayudarte cuando quieras? Ya ni sabes quién soy. ¿Me podrías dar un beso? ¿Qué se siente dormir contigo? Sé que te gusto. Ven a Los Ángeles a visitarme. Hazme el cafecito, anda. ¿Me das besitos en mi espalda? ¿Todavía te acuerdas de mí? ¿Ya dejaste de creer que mi risa es la mejor? Abuelo, ¿por qué? Hermana, perdón por juzgarte tanto mientras crecimos, éramos dos niñas confundidas. Hermano, siento las cortadas que nos hicimos. Hablarle de dietas a una niña de nueve años me parece extremadamente injusto, ¿no? Mamá, ¿por qué no te gusta mi cuerpo? Papá, ¿me estás escuchando? Abuelos biológicos, ¿cómo les va en Texas?, ¿piensan en mí de vez en cuando, de qué será de nosotros, sus nietos? ¿Valió la pena perder todo esto por las diez estrellas? ¿Cuánto te dolió mi silencio? Perdóname, madre, sé que lo que hice y dije te persigue hasta hoy. Ya me quiero ir. Ya no quiero estar aquí. Me molesta tu forma de creer que no me doy cuenta. Te mentí. Te perdono. Escondí tu diario para leerlo cuando te fueras de la casa. Como carne cuando voy a visitar a mi mamá a Hamburgo. Déjame en paz. A veces encuentro tu olor en los lugares más raros del mundo y te pienso todo el día. Fui muy feliz cuando te fuiste. Aquel viaje a ese país tan lejos me resultó un calvario. Creo que soy igual de bruja que las mujeres de mi familia. Me pareció justo perderte para ganar esta vida que amo. No hay mejor sexo oral que el tuyo. Te dije que sí haría eso para que dejaras de molestarme. No te contesto el celular porque me da flojera. Lloraba por él, no por ti. Yo fui la que perdió tu anillo. Me dolió mucho que no llegaras, te busqué con los ojos durante todo el show. Sé que te vas a arrepentir y cuando me busques tengo miedo de que mi orgullo no me deje abrirte las sábanas para que, por fin, podamos dormir juntos. Estoy casi segura de que no existe Dios, pero me da miedo aceptarlo.

LETY:

Que yo tampoco sé lo que estoy haciendo. Que hay algunos «hubiera» que se atragantan en mi garganta. Que a veces quiero gritar. Que no sé si tomé las decisiones correctas. Que ni yo misma sé si soy buena en lo que hago. Que varias veces me he sentido juzgada por quienes más quiero. Que a veces me siento perdida. Que he sabido tragarme las palabras y quererte en silencio. Que yo sola me pongo el pie. Que tengo muchas dudas y muy pocas certezas. Que tengo ganas de que te quedes y rompas todas estas barreras que ni yo sé derribar. Que me cansé de tu amor siempre a medias y a destiempo. Que no puedo borrar de mi cabeza ese día que no me defendiste enfrente de tu mamá. Que a veces no sé si doy el ancho. Que no me gusta que me pongan en un pedestal. Que cuando te dije que no pasaba nada, pasaba todo. Que elegí callarme y no quiero volver a ser cobarde. Que estoy llena de dudas. Que me hubiera gustado contar con su apoyo. Que me cuesta mucho estar aquí, cuando mi cabeza siempre está en otra parte. Que no hay un día que no te extrañe. Que me asfixian mis propias expectativas. Que a veces quiero cambiarlo todo. Que yo también estoy aprendiendo. Que luché tanto por mi libertad y ahora no sé qué hacer con ella. Que elegir todo es lo mismo que no elegir nada. Que debe ser muy cansado pretender como que todo es perfecto siempre. Que me asustan mis propios sueños.

Laura Restrepo

| *escritora* |

«¿Una frase no dicha? Aquí va. De esto hace tiempo y fue verdad. Hay un hombre que me fascina, y hay señales de que la atracción puede ser mutua. Pero nunca se dan ni la ocasión ni el clima propicio para expresarla. Supongo que lo impiden el marco de la amistad, compromisos afectivos con otras personas, distancia geográfica, desencuentros varios... Dejé de verlo un par de años, hasta que cierto día, en cierta ciudad, estando yo allí, sola y de paso, por pura casualidad me entero de que él también se encuentra ahí, en circunstancias como las mías, y en el mismísimo hotel. Lo busco, salimos juntos a cenar, conversamos mucho, nos reímos, la pasamos estupendo, caminamos por callecitas desconocidas a la luz de la luna, y nos despedimos porque al otro día ambos teníamos que trabajar. Llegué a mi cuarto, me puse la pijama, me acosté, y un rato después me levanté, volví a vestirme, salí al corredor, tomé el ascensor, caminé hasta su puerta, levanté la mano para golpear... y se me heló la sangre. Me acogotaron las dudas, la sensación de desatino, el miedo a equivocarme. No me atreví a golpear y me devolví corriendo a mi habitación. Años después, volvimos a cenar juntos, en otra ciudad, pero esta vez éramos cuatro: él con una chica y yo con un novio. Entre chiste y chanza, él cuenta que una noche, en otra ciudad, en un cierto hotel, caminó hasta la puerta de mi habitación y no se atrevió a golpear».

■ ■ ■

«Te amo».

Lucero Elizabeth Velázquez | *26 años* | *gerente de ventas*

«Te perdono, papá, por haber abusado de mí cuando era niña. Te perdono, mamá, por no haberme protegido y no haber parado el abuso de mi padre».

Sandra | *32 años* | *nutrióloga*

«Tal vez el problema fue creer que yo podía salvarte, tal vez tienes que salvarte tú y después venir. Ve y sana, te espero».

Anónimo

«Me siento responsable, te di otra forma, te puse otras cualidades, te idealicé tanto, que no te supe reconocer, no supe quién eras realmente y cuando te fuiste, me dolió mucho haber perdido al hombre que mi cabeza y mi corazón habían creado».

Luz Elena Espinoza Márquez | *25 años* | *abogada*

«A veces me gustaría que te comportaras más como un padre, papá».

Viviana Padrón | *20 años* | *estudiante*

«He tenido dos abortos y me acompañan todos los días mis decisiones. El pasado 10 de mayo fue un día complicado, triste y lleno de melancolía».

Lusa | *27 años* | *educadora*

«Me hubiera gustado ser yo con la que hiciste tu vida».

Anónimo

«Mamá, te necesito, te necesito como mamá, sin que me juzgues».

Lorena Valladares | *29 años* | *administradora*

«Mamá, tu gordofobia me lastima».

Ciany Anza | *23 años* | *psicóloga*

«No me gusta ser ama de casa».

Aline Sosa | *35 años* | *ama de casa*

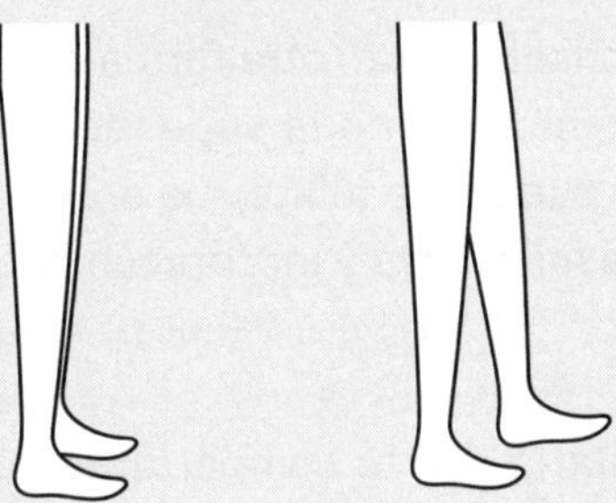

«No sé por qué no me he atrevido a decírtelo
pero ya no veo un "para siempre" cuando
me dices siempre juntos. Te doy la vuelta
cuando río y digo: "Claro que sí, mi amor",
cuando en realidad sé que no va a pasar.
Yo ya me quiero ir, creo que ya no te amo.
Pasamos los días sin darnos cuenta
de nuestra presencia, ni te escucho
ni me ves ya. No sé qué sería de nosotros
sin la tele prendida todo el día».

Anónimo

«Me quedé con ganas de besarte aquel día».

Anónimo

«No me quiero sentir la mamá de mi papá».

Yadira Anayancy Juárez | *34 años* | *abogada*

«Mamá, papá: todos mis traumas son gracias a ustedes, pero en terapia estoy trabajando para arreglarlos y que no quede en mí ningún rencor».

Paulina Peña | *20 años* | *estudiante*

«No te vayas».

Ana Celorio | *28 años* | *ingeniera civil*

«Decir que ya no puedo, que esto de estar bien todo el tiempo no es cierto, y que me desmorono continuamente cada día».

Anónimo

«Mamá, no cambié mi forma de pensar, ya era esta persona que ves, sólo que no tenía el valor de ser quien ansiaba ser. [...] Te quiero aunque no aceptes mi vida, sólo quiero ser feliz y que también tú lo seas».

Mary | *27 años* | *ingeniera eléctrica*

«No quiero tener hijos. No tengo el instinto, no es mi sueño».

Alicia Cobos | *29 años* | *empleada*

«Papá, ayúdame a mí también así como ayudas a mis hermanos hombres».

Anónimo | *30 años*

«¿Qué somos?».

Erika González Acevedo | *27 años*

«Que he sido infiel».

Froylán Zaragoza | *31 años*

«Perdóname por haberte lastimado, desde el amor que sentí y que siento, deseo que seas inmensamente feliz, lo mereces... (al papá de mis hijos)».

Ofelia Cuéllar Medrano | *30 años*

«Papá, me duele ver cómo tratas a mamá cuando estás borracho; y mamá, me duele ver cómo se te hace tan normal que alguien te hable y te trate de esa manera».

Val Barrón | *22 años* | *contadora*

«No despedirme de ti fue la única manera en que pude irme».

Anónimo

«Que he pensado en suicidarme».

Danna Doncel | *20 años* | *estudiante*

«Hubiera deseado que mis papás se divorciaran cuando estábamos pequeños para evitarnos tanto dolor. Que mi familia dejara de ver al dinero como el centro de la vida y que habláramos sin mentiras y con la verdad».

Bonnie Alas | *24 años* | *ingeniera*

«No soy los errores que he cometido».

Anónimo

«Deja de compararme».

Lily González | *25 años* | *mercadóloga*

«Que me adelanté al tener un hijo».

Maya González | *24 años* | *comunicóloga*

«Me asfixian con sus expectativas».

Amada | *23 años* | *maestra*

«Soy más que mi cuerpo».

María Paula Estupiñán | *20 años* | *estudiante*

«Nunca me he animado a decirle a mi pareja sexual que no puedo llegar al orgasmo. Ni siquiera si me masturbo. Me da vergüenza y decepción admitirlo a mí misma, entonces mucho menos se lo comparto a él».

Anónimo | *estudiante*

«Me duele el corazón y no sé cómo luchar con la ausencia de mi papá».

Flor García | *28 años* | *emprendedora*

«Que di en adopción a mi hijo cuando nació».

Anónimo | *33 años* | *empleada*

«Sólo una vez tuve relaciones en mi matrimonio, el cual duró cinco años. Él no quería tocarme».

Jackeline Brambila | *32 años* | *administradora*

«Siempre te quise, te quise bien. A pesar de todo el daño que me hiciste, te quise. Aún te quiero. Me da gusto que ambos estemos con mejores personas ahora. Creo que ambos lo merecemos».

Salma Vázquez | *18 años* | *estudiante*

«Necesito ayuda y no sé cómo pedirla».

Anónimo

«Tía, deja de ser homófobica que mi prima es lesbiana y le estás jodiendo la vida».

Paola Arceo | *16 años* | *estudiante*

«Siempre quise estar contigo y nunca te lo dije por miedo al rechazo».

Eufely Alejo | *27 años* | *ingeniera química*

«Sabía que debía irme y no me fui».

Lesly Quijada | *19 años* | *estudiante*

«Los *nudes* eran para ti, no para todos tus amigos».

Anónimo

«Siempre supe que me mentías».

Abril Martínez | *24 años* | *programadora*

«Tengo curiosidad de estar con una mujer».

Anónimo | *24 años*

«Te perdono».

Paola Palmera Duarte | *29 años* | *médico*

«Que ya no quiero ser la otra».

Alba Hurtado | *23 años* | *analista jurídico*

«Quisiera saber si, por lo menos una vez, pensaste en regresar».

Anónimo

«Tengo depresión».

Val Bermúdez | *26 años* | *productora*

«Quiero el divorcio».

Anónimo | *38 años* | *empresario*

«Tengo miedo de no poder ser madre».

Mariana Olmos | *32 años* | *nutrióloga*

«No eres tan bueno en la cama como crees».

Anónimo

¿Qué es algo que siempre has querido decir y no te has atrevido?

Este libro no está completo sin tu respuesta.

¿Cuál es tu secreto
para tener relaciones
estables y sanas?

• ¿Cómo se ve una relación estable y sana? • ¿Cómo se siente? • ¿Es amor si no trae paz? • ¿Qué tuviste que vivir para aprender a relacionarte sanamente? • ¿Cuál es tu definición de amor? • ¿Qué necesita este amor para sobrevivir? • ¿Qué aportas tú en una relación? • ¿Das lo que esperas recibir? • ¿Puedes pedir lo que no tienes? • ¿Qué error has cometido con alguna pareja que nunca repetirías? • • ¿Te muestras como eres? • ¿Por qué es importante respetar y que te respeten? • ¿Has podido sanar alguna relación que estaba rota? •

• ¿Qué papel juega la comunicación y la confianza en una relación? • ¿El amor se pide o se da? • ¿Qué tan importante es trabajar en ti para no repetir patrones? • ¿Has establecido límites sanos que les enseñan a los otros cómo tratarte? • ¿Qué hace que una relación pueda sostenerse con el paso del tiempo? • ¿Aceptas y te aceptan en tus relaciones? • ¿Amas y respetas a la persona tal como es, sin querer cambiarla? • ¿El amor lo puede todo? • • ¿El amor es una decisión? • ¿Lograste soltar tus expectativas? • ¿Estarías en una relación contigo? •

LETY:

Me gusta creer que tantos intentos, algunos con errores y otros con aciertos, me han llevado a relaciones más sanas mientras voy creciendo. Creo que lo primero y más importante ha sido trabajar en mí. Conocerme, visitar mi historia, entender mis heridas, ver cuáles son las cosas que tengo, las que me faltan y hacerme responsable de ellas. Dejar de pedirle a la persona de enfrente que se haga cargo de lo que yo no he hecho. He tratado de ser mi mejor versión entendiendo que todo lo que veo en las personas que amo es un reflejo de algo mío. Así que todo lo que me molesta, me gusta o hace falta tiene más que ver conmigo que con alguien más.

Lo segundo es honestidad ante todo. Primero conmigo misma, con lo que siento y lo que no. Hacerme las preguntas necesarias, aunque sean incómodas. Después honestidad con la persona que está enfrente. Creo que con el paso del tiempo nada se agradece más que la verdad, aunque duela. Y para poder hablar desde la verdad y claridad, se necesita tener una comunicación abierta y mutua, un espacio seguro donde ambas partes puedan intercambiar ideas libremente.

Lo tercero sería respeto. Respeto y aceptación hacia esa persona y lo que es, sin pretender cambiarla. Ser siempre capaz de regar, ser luz y tierra fértil para que el otro o la otra pueda florecer y convertirse en lo que sea que quiera ser. Una relación sana siempre va acompañada de límites: los propios y los de la otra persona. Esto sucede cuando ambas partes son capaces de decir "para mí esto está bien" o "para mí esto no" y que esto se respete.

El cuarto y más importante es tomar decisiones siempre desde el amor. Amor sin agenda, sin control, sin expectativa. Amar desde la libertad. Dejar a cada persona que se cruza en tu vida ser, respetar su esencia sin querer imponerles un camino, no importa si es tu pareja, familia, amigos, hijas o desconocidos. Es importante elegir siempre el amor por encima del miedo. Cuando el miedo es el constante en una relación, no somos nosotros, sino nuestras máscaras y mecanismos de defensa los que se están relacionando todos los días. Así que diría eso, soltar el miedo y confiar en que ser quien eres es suficiente.

El quinto es el orden. Que cada quien ocupe el lugar que le corresponde en la relación. No nos toca ser mamá o papá de nuestra pareja, no nos toca ser papá o mamá de nuestros propios padres o hermanos. Hasta que asumas sólo el rol que te toca y honres a las personas que vinieron antes de ti, puedes entonces ocupar el lugar que te corresponde en la vida y por lo tanto en tus relaciones.

Y hay una extra, ésta la aprendí en mi última relación. No hacerle al otro lo que no me gustaría que me hicieran. Entender que no podemos exigir nada que no estamos dando y que si algo pudiera lastimar de alguna manera, es mejor no hacerlo. Al final del día nada es permanente; nosotros cambiamos, la relación misma cambia. Sólo quienes están dispuestos a reinventarse y a adaptar nuevas formas de verse y procurarse, pueden sostener una relación estable y sana a través del tiempo.

ASHLEY:

A mis 31 años esto es lo que sé de amar a los míos. He tratado de amarlos mejor con los años, pero no sé si lo he logrado. Esto es lo que hoy sé, probablemente cambie con la temporada.

- Amar siempre suavecito y sin prisa, dejando que el amor sea quien mueva nuestras mareas.

- Amar cada vez mejor. A veces la vida y nuestras heridas no nos dejan amar como quisiéramos. Pero cada que aprendes algo de ti, cada que sanes y perdones, busca que eso se refleje en tu forma de amar.

- Mi madre siempre me dice que existen personas que venimos de la misma estrella; cuando encuentres a los que vienen de la tuya, cuídalos. Cuida a quienes te cuidan.

- Conoce la historia de los que amas y cuenta la tuya. Mucho de lo que somos viene de lo que fuimos.

- Ver a los demás de frente y sin miedo. La gente es quien es, no quien creemos que son.

- Di lo que quieras y necesites. Dibuja tus líneas.

- Riega a los demás, sus sueños y sus ilusiones.

- Hablar y escuchar sin miedo. Sobre todo de los temas que evitamos como la plaga.

- Tener la puerta siempre abierta, saber que las relaciones terminan, que puedes irte cuando quieras. Esto hará que el viento siempre refresque para que así con quien estés y donde estés sea una decisión.

- Cultiva la intimidad emocional, vulnerabilidad y, en especial, la honestidad.

- Aprender a amar las diferentes versiones en las que nos convertimos.

- Guarda los secretos que te cuentan, llega a tiempo, sé confiable. Cuando se te pida tu opinión, dala, pero sobre todo sé un buen hombro para llorar; muchas veces es lo único que necesitamos

- Amarte a ti, con todo lo que eres y como eres. Ahí está la clave para amar, más fuerte, más lindo y más.

• • •

Aura Medina de Wit

| *escritora, psicoterapeuta y conferencista* |

«Tardé años y rompí muchas relaciones, incluso llegando a sentirme víctima e incomprendida; antes de darme cuenta de que lo que yo tenía era un concepto totalmente fantasioso de lo que era el amor de pareja. ¿Cómo era posible que no resultaran mis relaciones si yo "daba más del cien por ciento"? La realidad, como fui aprendiendo, es que aprendemos del amor de pareja a partir de la relación de nuestros padres. Ellos, con su ejemplo, no con palabras, nos están enseñando lo que es una relación de amor. Desgraciadamente no tuve un ejemplo muy bueno. Fue difícil reconocerlo porque la mayoría queremos perpetuar la fantasía de una infancia feliz, de unos padres amorosos entre ellos y hacia nosotros. Y no quiero decir que mis padres no se amaran, o no nos amaran, como la mayoría, ellos estaban tan perdidos en sus propios dramas y sus traumas infantiles que convirtieron su relación en un campo de juegos de poder. Yo tomé la visión fantasiosa de mi madre y la forma huidiza de mi padre. En mi último libro, *Crea el espacio para el amor*, justo inicio el primer capítulo con una reflexión: "mis propias experiencias me recuerdan que no estoy por encima de la vida, que en relación al amor, todos somos principiantes... todos somos como niños que encantados con el nuevo dulce nos cegamos ante lo que la vida nos muestra. Confundimos nuestras necesidades no resueltas con amor y nos aferramos a la otra persona con tanta desesperación, en un intento inútil de llenar los vacíos que ya traíamos, pretendiendo que esta persona responda por lo que alguien más hizo o dejó de hacer hace muchos ayeres. Todo empieza en la nube del enamoramiento y poco a poco esta nube se disipa y nos encontramos de frente con nuestros demonios, pero lejos de reconocerlos, se los achacamos al otro u otra. Y empieza la batalla en el mismísimo campo que antes pretendimos llenar con semillas de amor, y que al ser plantadas en una tierra infértil, poco a poco van muriendo aplastadas por los fantasmas que caminan silenciosos, pero mortales en nuestra propia tierra. Y a los cuales no somos capaces de ver y mientras permanezcan invisibles a nuestra conciencia, seguirán confundiéndonos y controlando nuestras vidas. El secreto me parece, es dejar de distraernos en la bruma que nos rodea, querer abrir bien los ojos y mirar de frente a esos fantasmas, porque ellos no soportan la luz de una mirada consciente: se disuelven ante ella. Y con cada fantasma que se disuelve, recuperamos un pedazo de nuestra alma". En resumen: hace años descubrí que eso que yo creía que era amor, era mi forma de relacionarme desde la codependencia. Mis fantasías, expectativas, demandas, exigencias y conductas de complacencia. Y me ha tomado mucho tiempo hacerme consciente de esa parte inmadura, la niña interior, que es la que ha llevado el control de mi vida emocional desde ese lugar a donde la confiné hace muchos, muchos años. Junto con este entendimiento, he descubierto que, si es cierto que no puedo cambiar mi pasado, sí puedo sanar mi forma de relacionarme en el presente [...], desde ese espacio herido, que conocemos como niña o niño interior, haremos todo lo posible para encontrar a "esa persona" que llene nuestros vacíos emocionales y que nos haga sentir mejor y con menos miedos. Y al final nos encontraremos enganchados en relaciones conflictivas y de mucho drama, o evitando el acercamiento por nuestro miedo al rechazo, o a perdernos en relaciones por no saber delinear nuestros límites».

■ ■ ■

«Reconocer que lo "estable y sano" es la normalización cultural de lo que se entiende por una relación. Para mí lo primero es preguntar y tener muy claro qué me apasiona y qué quiero, después preguntarme si eso lo quiero vivir y compartir con alguien; por último, si ese alguien sabe qué quiere y qué le apasiona y lo quiere compartir conmigo. Creo que lo estable y sano es que cada parte de la relación pueda vivir su vida lo más plenamente posible siendo fiel a sí mismo. Mi idea es que la pareja es la persona privilegiada a la que invitas a ser testigo de tu vida y quien te invita a ser testigo de la suya. Obviamente hay un horizonte común que los dos quieren, el asunto es cómo ese horizonte integra las particularidades y pasiones de cada uno; no en una mezcla homogénea que se funde y no se puede diferenciar, más bien, en un reconocimiento de la persona con ideales y visiones comunes que potencian a cada una de las personas en la relación».

Santiago Morell | *38 años* | *filósofo*

«Es muy importante siempre darle las gracias a la otra persona, gracias por estar, gracias por elegirme cada día, gracias por darme tu amor, gracias por ese café o esa ida al cine; así la otra persona siempre sabrá que lo que hace vale la pena».

Ana Isorsia | *26 años* | *contadora*

«Confianza y admiración. En el momento en que entiendes y respetas la individualidad de la persona y te das tiempos para ti, en ese momento se genera una relación sana».

Cindy Marroquín | *25 años* | *administrador de proyectos*

«Cuando llevas tiempo en una relación con alguien, empiezas a conocer todo de esa persona. Sus mejores cualidades, su historia, hasta lo que le duele y a qué le tiene miedo. El secreto está en no usar lo que nos muestra el otro para herirlo, sino aprender a discutir siendo justos. Muchas veces la relación se desgasta entre tanta pelea, todo por querer ganar y al final lo único que pierde es el amor».

Anónimo

«Amar la rutina común que tienes con esa persona. No esperar grandes cambios o sorpresas. Amar lo simple y cotidiano que comparten».

Andrea Medina Zannie | *32 años*

«Que ambos somos libres y, aun así, estamos decidiendo compartir con alguien más, valorar, cuidar lo que damos y lo que nos dan».

Etzigueri Sifuentes | *24 años* | *estudiante*

«La empatía, siempre ponerte en el lugar de tu compañero de vida. Ser coherente con lo que pides y lo que das; y entender que son equipo espejo, que si están juntos es para aprender y enseñar».

Alejandra Castañeda | *26 años* | *servidor público*

«Dar sólo aquello que te nace, que todo fluya y nada sea forzado. Acepta recibir, también es importante que en una relación la energía circule en ambas direcciones. Sé congruente con lo que dices y haces, no hay mejor manera de demostrar confianza que cumpliendo lo que nosotros mismos nos prometemos. Sé honesto, siempre. Encuentra la mejor manera de hacerte escuchar, desde la empatía y la comprensión, pero habla. Y lo más importante, sé tú mismo. Así nunca tendrás que preocuparte si lo que dices, haces o piensas incomoda a la otra persona. Lo que es para ti te busca, te encuentra y se queda contigo, lo demás que siga su camino».

Gabriela Vizuet | *31 años*

«El interés, principalmente, donde hay interés, hay empatía y atención por el otro; así como curiosidad por saber qué piensa la otra persona, qué le despierta, lo que le gusta; y todos estos detalles son los que te mantienen unido en la relación».

Caro Rosas | *24 años* | *contador*

«Mis secretos son: respeto a la esencia de mi pareja. Apoyo y comprensión en momentos difíciles. Confianza y comunicación positiva para expresar lo que no me gusta. Explorar y ser creativos en la intimidad».

Diana Baylon | *27 años*

«Ríanse mucho. Las risas y los días buenos tienen que sobrepasar con creces los días malos. El secreto es estar donde se siente bien la mayoría del tiempo, donde te incitan a crecer, planifican metas individuales y en conjunto, donde te invitan a soñar, y donde te toman de la mano mientras la magia sucede».

Lunín Pereda Villa | *30 años* | *Ventas*

«Humor, comunicación, libertad y un propósito en común».

Martha González | *43 años* | *service delivery*

«Ahora que siento que tengo relaciones estables y sanas con mis amigos y familia, es cuando me permití respetar y honrar sus propios procesos, entender que ellos viven su vida como lo han decidido. Antes me enganchaba porque quería que vivieran como yo, con ideas mías, pero ahora entendí que no hay verdades absolutas. Lo que yo vivo me hace bien a mí, pero no sé si a los demás también. Si hay algo bueno que yo esté haciendo y ellos lo quieren, me lo preguntarán o lo emularán, pero nada por medio de la imposición. Amar sin expectativas, permitiéndome ver la grandeza de la gente de mi alrededor».

Maczil Pérez | *22 años* | *cineasta y creadora de contenido*

«Terapia de pareja, salva vidas».

Anónimo

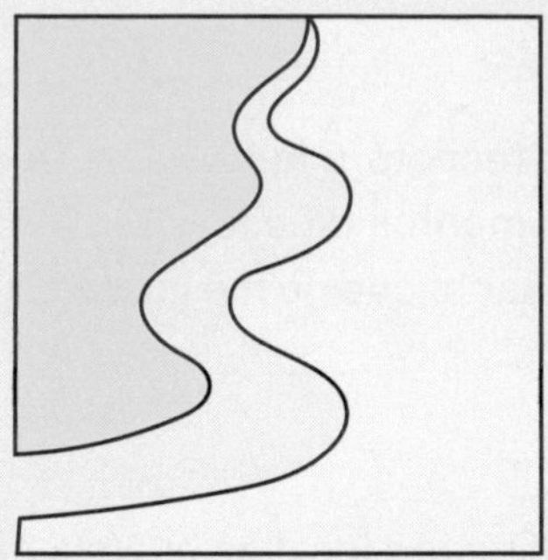

«No creo que necesites perder o sacrificar partes de ti mismo para estar en una relación estable. Se encuentra un punto medio y se apoyan mutuamente para ser su mejor versión. Cuando ambas partes siguen su propio ritmo y son auténticas. Cuando ambas partes están totalmente comprometidas a aprender qué les detona sus traumas, sus heridas y el trabajo de sanación que cada uno ha hecho. Cuando ambos individuos confían plenamente y presentan sus necesidades de manera clara».

Alejandra Avina | *27 años*

«Diría que lo primero consiste en conocerte, cuestionarte y tener en la medida de lo posible, una vida propia construida. Además de estar acompañada de un proceso terapéutico. Tener claros cuáles son tus límites, qué cosas para ti no son negociables y cuáles sí en una relación. Amarte mucho, respetarte a ti y por supuesto a los demás. Reconocer tus debilidades y fortalezas, trabajar y sanar tus heridas, saber escuchar, tener tu espacio, no perder tu individualidad, aprender a compartir y negociar, saber dialogar».

Pame García | *28 años* | *psicóloga*

«Tengo 34 años y la historia con mi esposo se escribe desde los quince. El secreto está en una frase "no te necesito": no te necesito para estar feliz, para estar bien, para disfrutar el momento, para sentirme hermosa, tener planes... no te necesito, pero agradezco el que seamos pareja y compañía, que hagamos equipo y nos sintamos poderosos juntos. Pero si hoy te fueras, podría continuar y ser feliz».

Gabriela Soberón | *34 años* | *comunicóloga*

«El amor es calma, sin eso, nada».

Gerald Quispe Lapa | *23 años* | *estudiante*

«Respetar lo que nos prometimos el día que nos casamos. Ser fiel, estar en las buenas, en las malas, en la salud, en la enfermedad y en las adversidades que presenta la vida todos los días de nuestras vidas».

Anónimo

«Saber que las situaciones y las personas cambian, y que muchas veces esos cambios favorecen a la relación. En mi experiencia, aún no sé por qué, cada año y medio aproximadamente algo pasa a nivel interno o externo que hace que nos veamos a los ojos y nos preguntemos, una vez más: ¿nos echamos lo que viene? Y si la respuesta de los dos es sí, es como empezar una nueva aventura aunque seamos las mismas personas».

Patricia Zermeño | *35 años* | *joyera*

«Yo diría que el secreto es entender que estamos hechos para acompañarnos, más que para pertenecer. Que el primer amor entre dos debe ser el propio con su respeto y límites para el otro; de ahí construir ese amor que existe para que el otro sea feliz y pueda realizarse como persona, más que como pareja. Y entonces acompañas a este ser por su trayecto en la vida, aunque eso a veces implique no estar juntos, pero sí acompañarse».

Gabriela CJ | *34 años* | *administradora*

«Pues ojalá que poco a poco deje de ser un secreto, y sea un gran descubrimiento comprender que la mejor forma para lograr relaciones amorosas es el amor propio. Llegar a ese despertar en donde terminas por darte cuenta de que eres tú mismo amándote, o haciéndote daño a través de otros. En cada encuentro con los demás, sólo nos encontramos con nosotros mismos. Con nuestra historia, con nuestras heridas no sanadas y también con nuestra riqueza. No podemos pedirle al otro que nos dé lo que nosotros no nos damos. Imagínate que hiciéramos una larga lista de todo lo que soñamos recibir de la pareja, de la familia o de los amigos. Por ejemplo: "ser escuchad@, reconocid@, valorad@, aceptad@, amad@, tratad@ con respeto, con generosidad, con detalles, que yo sea una prioridad, que me dediquen tiempo, que me recuerden que soy suficiente, que nada me falta y nada me sobra, que merezco lo mejor". Y después se tratara de revisar si esa lista que pides, tú te la das a ti mismo. ¿Te imaginas la sorpresa cuando ese rayo revelador (desapendejador) te mostrara que imploras que los demás te tomen en serio porque tú no lo haces? Que exiges que te den el tiempo que tú no te das, que te den los detalles que tú te niegas a regalarte, que sean generosos porque tú no te das nada y si te lo compras lo haces con culpa, que te recuerden lo mucho que vales porque tú te criticas constantemente... Así que la mejor manera de llegar a una relación sana con el otro es sanar la relación más importante de tu vida: ¡la que tienes contigo mismo! Cuando nos encarguemos de darnos a nosotros lo que tanto pedimos, exigimos y reclamamos; entonces, y sólo entonces, quien esté a nuestro lado se volverá una compañía que disfrutar y no un salvavidas necesario».

Ani Navarro | *43 años* | *terapeuta*

¿Cuál es tu secreto para tener relaciones estables y sanas?

Este libro no está completo sin tu respuesta.

¿Qué nos pasa
cuando morimos?
¿Y qué has aprendido
de los que ya se fueron?

• ¿De dónde venimos y hacia dónde vamos? • ¿Habrá luz al final del túnel? • ¿Qué te llevas al morir? • • ¿Qué dejaste aquí? • ¿Te reciben tus abuelos? • ¿Flotas como parte de la galaxia? • ¿Llegas a la fuente de luz? • • ¿Existe el cielo y el infierno? • ¿Es la primera vez que mueres? • ¿Cumpliste tu misión de vida? • ¿Eres ahora abono para las plantas del jardín que te vio crecer? • ¿Qué fue de todas las cosas materiales que tanto te importaban cuando moriste? • ¿Vuelves a ver a la gente que tanto amaste? • ¿Viajas con ellos en la misma estrella? • • ¿Cuánto le dedicaste a lo que de todas maneras no te puedes llevar? •

• ¿Importó lo que creías sobre la muerte al momento de morir? • ¿Un hinduista reencarna, un católico se va al cielo, un musulmán se va al mundo de la inmortalidad, un budista enfrenta su karma y un ateo se convierte en polvo? • ¿Por qué le tememos a la muerte? • ¿Has recibido señales de los que ya se fueron? • ¿Qué sembraron en ti? • ¿Pudiste hacer las paces con su partida? • ¿Dónde encuentras la paz cuando alguien muere repentinamente? • ¿Qué pedazos de ti se fueron con ellos? • ¿Qué quisieras decirles a aquellos que ya partieron? • ¿Podrías decirles eso mismo a los que sí están? • ¿Morir es el principio o el final? •

ASHLEY:

No sé si fue porque desde que nací mi madre me habló de la reencarnación, o porque mi casa siempre estuvo rodeada de espíritus y «cosas» que movían y visitaban sus jardines, o porque nací en México poniendo altares de muertos, o por los miles de diferentes dioses hindúes que decoraban la mesita de noche de Luz Elena, o porque Ofe siempre decía: «señora, nadie quiere trabajar aquí porque en el bar se aparece un señor de blanco», o por todos los chamanes, videntes, brujos, ritos, rituales y demás cosas entre las que he danzado por haber sido hija de quien soy, que la muerte para mí siempre ha sido más un pase a una vida infinita y llena de conocimiento que a algo a lo que le tenga que tener miedo. Porque en realidad no le tengo miedo a la muerte.

Creo firmemente, y más después de estudiar tanto el universo y su magnitud, que somos eternos. Que somos y venimos de la eternidad. ¿Cómo es esa eternidad? ¿Y cómo llegaremos a ella? No sé, pero para mí ha sido muy fácil entenderlo. Entender que el cielo y el infierno se viven aquí, aquí en carne propia. Que son construcciones humanas producto de nuestra desesperación por castigar a unos y salvar a otros. Nace por la necesidad de entender de dónde venimos y a quién y por qué se le ocurrió crearnos.

Creo que cuando morimos pasamos a otros planos, planos que nuestra mente en esta dimensión no nos deja comprender. Pero somos un constante ir y venir entre dimensiones, entre vidas, tiempos y misiones. Siempre creciendo, siempre avanzando. Siempre yéndonos para llegar a otros lados en donde nuestra presencia y existencia son indispensables. Creo que pasamos tiempo volando entre las galaxias, disfrutando del calor del sol y de la paz que se siente ser de nuevo uno con el todo.

¿Qué he aprendido de la muerte? Que no debemos preocuparnos mucho por lo que pasará después. He aprendido que somos irremplazables, que nuestro paso por la Tierra es indispensable. Que entre mejor vivamos, mejor moriremos. La felicidad que logramos sentir, el amor que damos, las paces y perdones que ofrecemos sólo limpian el camino para morir más tranquilos. Que nadie se va de esta tierra a destiempo. El universo tan sabio y preciso como siempre se lleva a todos en su debido momento. Que viajamos juntos, los míos y los tuyos. Pegaditos para reencontrarnos, para no olvidarnos. Que al final queremos morir junto a los que nos aman. Queremos ser recordados por los días de risa y el amor que regamos. Que morir no es sinónimo de terminar, sino de ser eternos.

LETY:

Renato:

Estoy escribiendo un libro. ¿Te imaginas eso? Mi primer libro, y con Ash. Ni yo me la creo, pero seguro tú me dirías que esto no te sorprende, que siempre lo viste posible, porque así eras tú, creías en mí y en mis sueños cuando ni yo podía. Pero bueno, el punto es que una de las preguntas del libro es: ¿qué pasa cuando morimos y qué hemos aprendido de la muerte? Y no sé responder sin escribirte a ti.

Hace cuatro años que te mataron, y aunque tu cuerpo se fue, lo que de ti está en mí, se quedó para siempre. Eres tú quien más me ha enseñado de la muerte, pero sobre todo de la vida. No me preguntes cómo, pero cuando te fuiste dejé de tenerle miedo a morir y más bien empecé a tenerle miedo a pasar por la vida sin vivirla.

Contigo aprendí que las personas nunca se van, sino que viven en todos los que nos quedamos. Hay días en que sigo pensando que todo fue un mal sueño y que vas a entrar por la puerta y darme uno de esos abrazos que curaban todo. Me enseñaste que nunca estoy sola; me tengo a mí y te tengo a ti, siempre. El tiempo es tan relativo; estuvimos pocos años juntos y sentí que teníamos una vida entera de conocernos. Por eso creo que hay almas que viajan juntas, que se conocen desde hace tiempo y que se volverán a encontrar después. Aprendí que la profundidad del dolor de tu ausencia es equivalente a la cantidad de amor que tenía por ti. El duelo viene como en olas, al principio no podía ni respirar y con el paso del tiempo me he ido acomodando entre tu ausencia, pero inevitablemente hay días que una canción, una foto o un simple recuerdo me hace sentir que no estás.

Aprendí que no hay nada más valioso que nuestro tiempo, decidir qué hacer con él y con quién compartirlo. Que hay personas que tocan tu vida y la cambian para siempre. Que una casa y una familia es algo que puedes encontrar y construir con la vida. Que todos tienen algo valioso que enseñarnos. Que hay carcajadas que te dejan minutos enteros sin poder respirar. Que sólo quien entiende lo efímera que es la vida, la vive como la vivías tú. Que la vida con música siempre es mejor. Que nunca se vuelve cansado escuchar que alguien te diga cuánto te quiere y lo importante que eres en su vida. Que cuando alguien cree en tus sueños y en ti con tanta seguridad, te hace creer a ti también. Que cuando no te puedes sostener con tus propios pies, hay personas en las que puedes recargarte. Que sólo vale la pena vivir si es con el corazón engrapado en la camisa. Que no hay nada más atinado que un shot de tequila a las doce del día cuando el alma duele. Que todos tenemos un niño(a) que vive adentro, pero no todos tenemos el valor de escucharlo. Que hay amigos que se convierten en hermanos. Que amar incondicionalmente es ver, abrazar y celebrar a la otra persona por lo que es. Que no hay tal cosa como dar de más. Que donde estabas tú siempre había un lugar para mí. Que es verdad lo que decía Maya Angelou, que la gente se olvidará de lo que dices o lo que haces, pero nunca de cómo los haces sentir, y tú hacías sentir a todas las personas cercanas a ti las más especiales del mundo. Que hay personas que aún cuando se van, siguen estando. Que aunque todos te consideraban loco, locos éramos todos los que buscábamos formas de adaptarnos a este mundo sin sentido. Me enseñaste sobre todo que la vida es bien cortita y que no hay nada, ABSOLUTAMENTE NADA, que valga la pena dejar para después. Ni un buen baile, ni una pizza, ni un beso, ni un viaje, ni unas risas, ni una desvelada, ni un te amo.

Mientras, me muevo de lugar en lugar viviendo con toda la fuerza que me dejaste. Reviviendo todas las memorias que aquí hicimos y acumulando más para contarte cuando te vuelva a ver. Te fuiste con un pedazo de mí, pero dejaste todo lo que tú eres aquí. Me muero por verte y abrazarte otra vez. El amor que me diste crece y me da fuerzas para vivir una vida digna de ser vivida por ti. Te amo siempre.

No sé por qué suelo recordarte con este poema de Jaime Sabines:

> *Si sobrevives, si persistes, canta,*
> *sueña, emborráchate.*
> *Es el tiempo del frío: ama,*
> *apresúrate. El viento de las horas*
> *barre las calles, los caminos.*
> *Los árboles esperan: tú no esperes,*
> *es el tiempo de vivir, el único.*

Mario Guerra
| *psicoterapeuta, conferencista y escritor* |
«Suena extraño porque en parte me dedico a eso. Siempre, desde niño, he querido entender por qué la gente teme tanto a la muerte. De alguna manera, puedo entender todo desde la psicología y las teorías del apego, por supuesto, pero no deja de intrigarme por qué sufrir por algo que finalmente es inevitable, como lo es la pérdida, la muerte y la separación de todo aquello con lo que formamos vínculos afectivos. Es como si en el fondo creyéramos que eso puede ser evitado; y por lo tanto, nos angustia no encontrar la fórmula para ello».

■ ■ ■

«Creo que emprendemos un largo viaje y que el mejor momento para comer, para reír, para hacer algo ridículo, para dar ese beso, para bailar hasta que los pies duelan, para usar ese maquillaje, para decir lo que realmente piensas y para escuchar con atención a las personas que amamos es hoy».

Mary | *27 años* | *ingeniera*

«Yo creo en la vida futura y en el estado del alma que conocemos como cielo. En el descanso eterno. De las personas que ya no están aquí, he aprendido que la vida sólo se disfruta cuando vivimos en el presente, y que dejemos de tener la idea de que siempre habrá tiempo para hacer las cosas después».

Óscar González | *23 años* | *asistente de dirección*

«Dejamos recuerdos en las personas. He aprendido que todo se debe decir y hacer en vida. No vale la pena llorar en un funeral cuando te privaste de abrazarlo [en vida]».

Mariana Ortega | *35 años* | *chef*

«Nos transformamos: "la energía no se crea ni se destruye, sólo se transforma". De los que ya se fueron aprendí a que nunca es tarde para cumplir un sueño, para vivir el hoy, para soltar los miedos y para agradecer hasta los malos momentos».

Aura Murillo | *24 años* | *diseñadora industrial*

«Nadie sabe, pero de mi papá, que falleció de cáncer, aprendí que la muerte ha sido de lo más bello que me ha pasado. Entiendes que el amor va más allá del tiempo y la distancia. El amor prevalece para siempre».

P. Cano | *23 años* | *ingeniero*

«Polvo eres y al polvo regresarás».

Miriam Nolasco | *22 años* | *nutrióloga*

«He aprendido que nada es para siempre y que todo puede terminar en un segundo; también que cada persona tiene una misión y una enseñanza que dejar, y que no existen reemplazos».

Mariel Guillén | *26 años* | *bioquímica clínica*

«He aprendido que no hay vidas cortas o largas según los años, sino según cómo vives la vida».

Priscila González | *37 años* | *administradora*

«Volvemos a Dios. ¡Seguimos siendo seres de luz!».

VTB | *27 años*

«Trascendemos en lo que sembramos mientras estuvimos [vivos]. He aprendido que la presencia continúa, y de otras maneras, nunca me dejará de enseñar. Mi abuelo siempre decía: "si riegas, que salpique", y siento su crecimiento en mí y en todo lo que lo rodeaba diario».

Carolina Austin | *26 años* | *psicóloga clínica*

«Yo creo que cuando morimos, pasamos los siete pisos del Mictlán y llegamos al cielo, donde te reencuentras con tus seres queridos».

Rebeka Maya | *15 años* | *estudiante*

«Nos vamos. Nos acabamos físicamente. Lo que fuimos se queda en los demás, en esas chispas que compartimos juntos, en esos olores que nos caracterizaban y en los ruidos que hacíamos. Quizá nuestra alma se queda en algún lado y vuelve. No estoy segura».

Laura Anaya | *32 años* | *directora de proyectos*

«Nadie muere, nadie se va... hasta que lo olvidas».

Jorge Castaños | *60 años* | *empresario*

«He aprendido que los velorios no son para los muertos, sino para los vivos que nos quedamos aquí sin ellos: llorándoles, sufriéndoles y sin saber qué hacer».

Andrea Balderas | *21 años* | *estudiante*

«Nos hacemos uno con el universo».

Mariana Gaxiola | *26 años* | *redactora*

«Seguimos caminando. He aprendido la importancia de soltar. Nada te llevas, nada dejas, nada es tuyo y no eres de nadie».

Mayra | *28 años* | *ingeniera*

«Trascendemos a un plano incierto, pero inevitable. Puede ser un nuevo comienzo o un seguir transitando. Los que ya no están siguen siendo y serán, los evoco y hablo con ellos».

Verónica Ancira | *36 años* | *mercadóloga*

«Te apagas, sin dolor, sin cielo ni infierno, sólo tu energía se dispersa... lo cual me da paz, no porque haya sido una mala persona, sino como un descanso».

Karen Fierro | *32 años* | *maestra*

«Nos transformamos en aire, agua, tierra y le seguimos dando vida al mundo. De los que ya se fueron aprendí que no puedo pasar ni un día más sin vivir la vida que sueño, sin perseguir mi pasión. Porque el día que me toque partir, quiero tener la seguridad de que viví como quería y no como la sociedad esperaba de mí».

Lunín Pereda Villa | *30 años* | *Ventas*

«Nuestra alma descansa, nos convertimos en guardianes y guías de nuestros seres amados».

Anónimo | *25 años* | *consultora*

«De mi mamá, que murió hace trece años, aprendí que todos somos más que sólo una cara, tenemos mil fachadas. Aprendí que mi mamá antes de ser madre fue hija, tía, niña, esposa, mujer y trabajadora. Con su ausencia descubrí sus caras ocultas, todo lo que era antes de ser mi madre, y todo lo que siempre iba a ser; descubrí su nombre propio, sus miedos de niña traviesa, su vocación y con mucho dolor, su postura ante la muerte».

Anónimo | *24 años* | *maestra*

«Simplemente dejamos el traje físico que hemos habitado y hemos usado, para experimentar y expresarnos en este plano tridimensional. Seguimos nuestro viaje espiritual de evolución y comprensión hacia realidades superiores de conciencia».

Juan Pablo Godínez | *40 años* | *life coach*

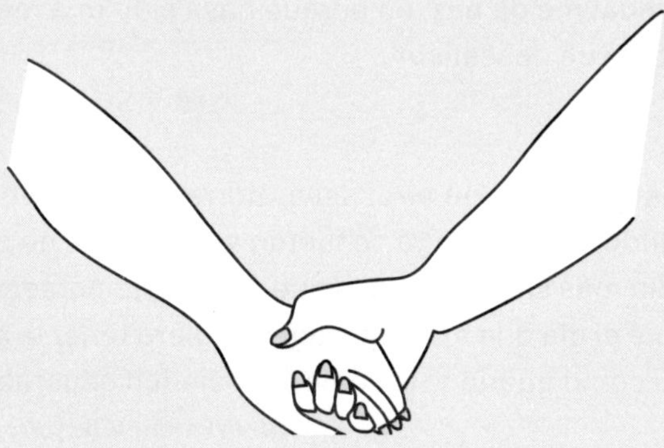

«Trascendemos. Nuestro cuerpo cumple un propósito en esta vida, pero nuestra alma se eleva. He aprendido que de nada sirve vivir anhelando lo que ya no es, añorando el futuro y que todo cambie, sino trabajar en el presente. He aprendido que lo que yo haga y sea con otros es lo que recordarán de mí: las palabras dichas, la ayuda proferida, el haberme interesado por los demás, amar y ser honesta con los míos; eso es lo que quedará cuando el cuerpo ya no exista».

Mayra Patricia Ayón Suárez | *42 años* | *docente*

«Tu ser se independiza por completo del cuerpo físico que usaba para experimentarse en la materia, a esto se le llama desencarnar. Sin embargo, la siguiente pregunta obligada sería ¿a dónde va? Hay un sinnúmero de posibilidades, somos seres multidimensionales, viajadores eternos de la luz, así que depende de tu creación evolutiva. Hay una pregunta más que yo haría: ¿y todas las creencias provenientes de una tradición religiosa como paraíso, infierno o reencarnación; o para el que no cree que exista nada y aquí se acabó la experiencia, dónde quedan ante las múltiples posibilidades? Precisamente quedan dentro de la creación particular de cada Ser manifestando su realidad. Así que, la muerte como la tenemos concebida de manera popular no existe. La experiencia en la materia sólo es una de tantas experiencias de siempre estar vivo, sólo una más. No se destruye nada, ni se acaba nada, ni te separas de nada, en realidad sólo te transformas y sigues creciendo a partir de experimentarte. Tenemos muchos testimonios de la vida después de la vida y se describen en general como un estado de infinita paz, donde se experimenta o se es jalado por una gran luz, donde nos unimos a lo que más amamos, y seguimos unidos a todo y a todos los que nos aman, libres de toda condición limitante material, pudiendo crear lo deseado. La realidad es aquella a la que tú te sujetas, la que creas verdad, tan limitada o expandida como quieras. Lo primero que aprendí es que la separación no existe, que seguimos juntos relacionándonos con la capacidad de vernos, oírnos y sentirnos. Lo segundo, que somos eternos y lo tercero, sólo por elegir lo más relevante de continuar hasta ahora juntos, es que cada uno de nosotros tiene una experiencia en la materia única, por el ser único que somos; así que dejamos un ejemplo invaluable como guía para los que aún quedan en la experiencia de la materia, que ésta es parte de nuestra trascendencia ya que todos venimos para trascender dejando nuestra huella: éste es el verdadero sentido de la vida. Nuestro compromiso de amar siempre y por siempre, en unidad, para siempre».

María Gordoa | *61 años* | *tanatóloga*

«Cuando morimos, nuestra forma física se desvanece. No nos pasa nada (después de la muerte) porque ya no existimos. El recuerdo de nosotros, por aquellos que dejamos atrás, es la única experiencia de vida después de la muerte y no es nuestra experiencia, es la de alguien más. Lo que he aprendido de aquellos que murieron antes de mí: la vida es demasiado breve, es increíblemente desafiante y puede ser difícil. Pero la vida también es milagrosa, así que hay que aferrarse al deseo de vivir tanto como se pueda».

Brian Clancy | *64 años* | *científico*

«Como humanos creo que nos cuesta creer que tenemos un final y queremos prolongarlo, aun después de la muerte, porque nos da miedo que esto sea todo y no haya más. De los que se van, pues duele, duele mucho. Creo que el hecho de darnos cuenta de que el mundo sigue dando vueltas, y tener que integrarnos a esa estación de nuevo, es lo más complicado. Se me ha muerto mucha gente y no he "agarrado callo" ni nada; en cambio, cada muerte me duele más, pero también he aprendido que la gente no se muere cuando los cremamos o enterramos, sino cuando dejamos de recordarlos o decir su nombre».

Valeria Venegas | *18 años* | *estudiante*

¿Qué nos pasa cuando morimos? ¿Y qué has aprendido de los que ya se fueron?

Este libro no está completo sin tu respuesta.

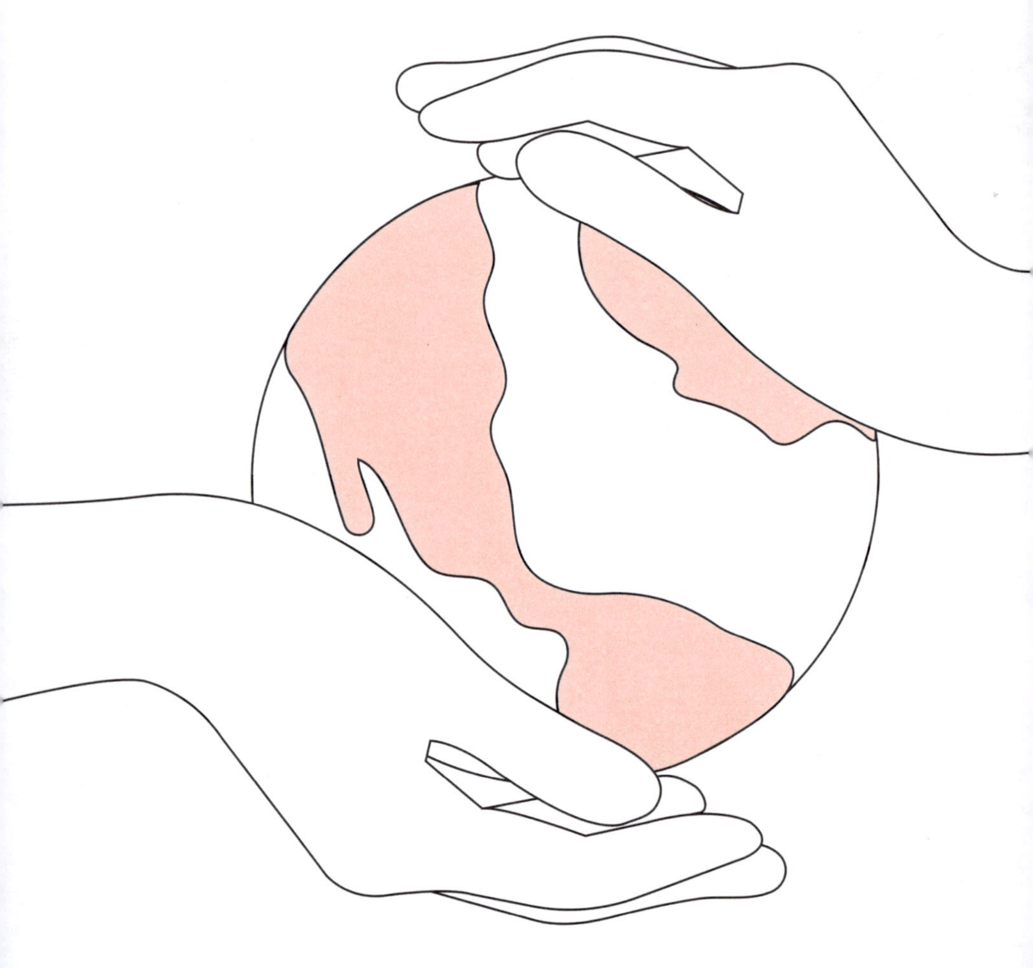

¿Qué nos falta aprender y qué podemos hacer para dejar un mejor mundo?

• ¿De qué manera te involucras con lo que ocurre en el mundo? • ¿Ya sanaste tu propia historia? • ¿Eres el cambio que quieres ver en el mundo? • ¿Puede alguien ver las cosas distinto a ti? • • ¿Has intentando imponer tus ideas? • • ¿Por qué le tenemos miedo a lo que no conocemos? • ¿Si nadie nace homofóbico, racista, xenófobo o machista, entonces, dónde se aprende? • ¿Eres capaz de dar el mismo respeto y tolerancia con los que deseas vivir? • ¿Por qué estamos buscando que todas las personas entren en un mismo molde? • ¿Ya luchaste por las causas que encienden tu corazón? • • ¿Cómo cuidas a tu planeta? •

• ¿Qué pasaría si compartieras no sólo lo que te sobra, sino lo que tienes y eres? • ¿Qué te hubiera gustado aprender en la escuela que te hubiera ayudado ahora? • ¿Qué estás haciendo para impactar a tu entorno? • ¿Eres consciente de que habrá generaciones en esta Tierra cuando te vayas? • ¿Has estudiado la historia de la humanidad? •

• ¿Usas tu privilegio para ayudar a las personas que no lo tienen? • ¿Sabías que tu silencio o indiferencia sólo ayuda al opresor, nunca a la víctima? • ¿Tu forma de vivir y pensar te limita o te libera? • ¿Es incluyente o excluyente? •

• ¿Cabemos todos y todas en ella? •

LETY:

Mientras crecía todo lo que aprendí fue casi en automático. Ideas que compartían todos los que me rodeaban y que al final yo también terminé por creer. Todas ellas me acercaban a una verdad que parecía absoluta y me dieron, durante muchos años, un sentido de identidad. Sin darme cuenta, casi al mismo tiempo, el precio a pagar fue que cada una de estas verdades me alejaba de todo lo que no cabía o encajaba dentro esa forma específica de ver y vivir. Cada vez que me identificaba con una idea o me compraba una identidad se abría en ese momento una separación entre alguna otra persona y yo. Casarme con cualquiera de estas creencias me alejaba de un grupo enorme de personas, creando fronteras invisibles que me impedían ver qué había del otro lado.

No fue hasta que fui creciendo que conocí un mundo más allá de las pocas cuadras que hasta entonces conformaban mi vida. Por primera vez pude ver un montón de realidades distintas a la mía. Me moría de miedo. Cada una de mis verdades temblaba cuando conocía personas que concebían el mundo —su identidad, libertad, religión, sexualidad, ideas y vida— completamente distinto a lo que me habían enseñado. Mi reacción automática, en un principio, fue descalificar todo lo que parecía diferente y aferrarme con más fuerza a mis ideas, a lo que me resultaba conocido. Pasaron algunos años y empecé a hacerme preguntas (benditas dudas): ¿qué llevaba a esa persona a ver el mundo tan distinto a mí? ¿Por qué yo tendría que tener la razón?

¿No hablaba yo desde mi historia y mi visión tan limitada, hasta entonces, del mundo?

Y entonces me propuse escuchar, escuchar y ponerle rostro e historias a todo lo que me parecía ajeno. Empecé a hacerle preguntas a aquel que opinaba opuesto a mí, a la que le rezaba todos los días a una diosa que yo nunca había visto, al que no creía en nada, al que marchaba por una causa que yo nunca había escuchado, al que dejó su país para buscar una vida segura para su familia, al socialista, al que estaba enamorado de alguien de su mismo sexo, al rehabilitado, a la que cree en vidas pasadas, al que nació en un cuerpo con el que no se identifica, etc. Me hice amiga de personas con las que a simple vista hubiese parecido que no teníamos nada en común. Me dediqué a leer e interesarme por otras religiones, culturas, puntos de vista, posiciones políticas, orientaciones sexuales, incluso por diferentes versiones de la historia misma. Me permití explorar otras formas de ser, existir y pensar; contemplar y conocer otras verdades, pero sobre todo revisitar cada una de mis creencias. Cuestionar eso en lo que creía y acercarme más a una verdad que se sintiera realmente auténtica para mí, pero en especial que no excluyera a nadie, que no me separara de los demás. Una verdad en la que quepamos todos y que no tenga que limitar a alguien más sólo por mi miedo o ignorancia. Ahora me acuerdo de algunas cosas en las que creía hace algunos años, algunas ideas que profesaba con tanta certeza y me da vergüenza. ¡Bendita capacidad humana, esta de reinventarnos a cada paso! Esa que nos permite poder aprender y crecer si tenemos la valentía de reconocer que no tenemos todas las respuestas, que todos los seres humanos tienen algo que enseñarnos y viceversa.

Hoy veo que mi realidad es tan rica y amplia como la diversidad de personas e ideas que permito que habiten en ella. Y creo que todo eso que crea divisiones entre los seres humanos es algo que aprendimos en algún momento y que podemos desaprender.

El sistema desigual, opresor, injusto y patriarcal en el que vivimos cuenta con nuestra indiferencia y apatía para sobrevivir, pero sobre todo cuenta con nuestro silencio.

La única manera en que la cadena se rompe y le damos la vuelta a esto es si elegimos hablar: levantar la voz bien fuerte por aquellos a quienes se las han arrebatado. Crear espacios, contar nuestra historia, escuchar las otras y abrir caminos que hasta este momento estaban cerrados. Tener el valor de aceptar que no siempre estamos en lo correcto. Vivir debería de ser una constante, deconstruir y desaprender ideas que asfixian a otros, o que alimentan al status quo que tanto daño ha causado. De alguna manera todos somos parte del problema, pero también podemos ser parte de la solución. Por eso necesito que sepas que siempre existe la oportunidad de cambiar. Que todo, absolutamente todo, funciona, menos quedarte inmóvil porque tu voz sí importa, tu granito de arena sí hace la diferencia. Cada quien desde sus posibilidades, desde su trinchera. Tenemos un privilegio y todos estamos conectados de una u otra forma. Nadie se construye solo, estamos hechos de las personas e ideas de las que elegimos rodearnos. Y esas «diferencias» son puro ruido que crea separaciones más profundas entre nosotros y nos distrae de lo verdaderamente importante, haciéndonos pensar que creer en una cosa excluye a otra, sin entender que es justo en las diferencias donde hay mayores aprendizajes, ahí viven las cosas que hacen más grande la vida. Al final todos estamos conectados de una forma u otra; hay algo de mí en ti, hay algo de ti en mí. Nada, absolutamente nada, de la condición humana me es ajeno; y mis acciones, como efecto dominó, afectan a otros y viceversa. Estamos todos entrelazados porque al final somos uno.

ASHLEY:

Amores:

Hubo momentos de mi vida donde su existencia parecía a la vuelta de la esquina. Aunque durante años dije que no quería ser madre, entrados mis 25 el deseo empezó a aparecer hasta en mis sueños. No sé si mis hormonas jugaban con el paso de los años o si mi deseo genuino de querer ser madre, después de ser madrina, empezó a moverse dentro de mí.

De una u otra forma todo ser acaba siendo padre o madre de algo o alguien al menos por unos instantes en esta vida. Así que llegarán y yo quisiera darles algunos consejos.

Existen tantas cosas que hubiera querido saber cuando era chica. Tantas cosas que aprendí tarde, a veces muy tarde. Sé ahora que así es la vida, pero hubiera querido saber que a esta Tierra venimos a ser felices. Ésa es la última y única verdadera misión. Esa felicidad se ve de diferentes formas, pero cada persona, cada decisión, cada mano que se agarra es siempre con la idea de que estaremos así más cerca de ella. Entonces basen todas y cada una de sus decisiones en vivir una vida de la cual se sientan orgullosos. Vivan siendo quienes son. Caminen con la certeza de que siendo ustedes es suficiente y, es más, probablemente sobre.

Todos nacemos con algún privilegio. Desgraciadamente pareciera que unos están arriba de otros, como si se pudiera organizar la humanidad en escalones; ridículo, ya sé, pero bueno así es el mundo este al que llegaron. Utilicen ese privilegio, cualquiera que sea, para ayudar, para educarse, para hacer las cosas más justas. Si tienen más, compartan más. Si saben más, informen. Si entienden, expliquen. En cualquier momento en el que su privilegio sea usado para lo contrario habrán hecho esa línea más grande y tendrán eventualmente que regresarse a enderezarla. Sean conscientes de que a mayor privilegio, mayor responsabilidad y las cuentas siempre se pagan.

Traten de ir a la escuela, si es que les llama la atención. No es indispensable, pero creo que la educación mueve las montañas más altas y riega los desiertos más secos. La educación te da herramientas, datos y conocimientos que serán más difíciles de encontrar en la vida cotidiana. Aprendan de todos y de todo. Sean curiosos, hagan de esto una forma de vida, aprendan a ver que en todos lados está algo que no sabían. La vida se vive como una eterna escuela. Pregunten y duden de todo, haciendo esto estarán siempre a mi lado. Busquen las respuestas como si fuera su único deporte, no le tengan miedo a la incertidumbre, de ahí nació todo esto, por ahí siempre andamos nosotras. No tengan nunca vergüenza de las preguntas con las que nacieron, son siempre un amanecer.

Busquen sus causas, las que sean que les mueva el corazón y lo enciendan. Edúquense en éstas y usen su voz. Expliquen con paciencia y claridad. El diálogo, la tolerancia y la razón deben de ser sus estandartes.

Aprenderán a creer en algo, uno no nace creyendo en nada más que en la leche que sale de nuestras madres. Pero la construcción humana los hará creer en algo. Muchos creen en la iglesia, otros en muchas diosas, otros en la ciencia, otros en el universo y su energía, otros no creen en nada. Recuerden ser respetuosos. Yo nunca he sido de congregaciones ni de que me digan cómo tengo que creer. Ustedes hagan y deshagan, busquen a Dios por todos lados, hasta que una verdad se les acomode en el alma. Si ninguna de las que les cuentan les gusta, hagan la suya.

Cuiden al planeta, es su casa y su madre. Que cada movimiento, cada acción, cada palabra refleje esto. Respétenla, cuídenla y sobre todo sean hijos dignos de ella. Que su paso sea suave y sanador.

Y por último, amores míos, hubiera querido saber que nunca estamos solos; la herida de abandono nada fuerte por mis venas que serán las suyas. Nos acompañan millones de guías que conocerán a lo largo de sus vidas: amigos, terapeutas, conocidos y hasta desconocidos que los acompañarán por algunos instantes. No teman, la vida siempre es un jardín lleno de oportunidades y nunca somos árboles solitarios, anden con esta certeza. Cuiden sus palabras, que sean semillas, semillas que se conviertan en jardines, que reforesten junglas enteras, que construyan ecosistemas mientras salen de sus bocas. Que sus palabras construyan puentes para los perdidos, para los olvidados. Ojalá que siempre sean costa para los que se ahogan en mar abierto.

P.D.: Todo el amor que buscan, las respuestas y la guía están dentro de ustedes. Todos los océanos corren por dentro.

■ ■ ■

Jorge Ramos

| *62 años* | *periodista* |

«Empatía, ponerse en el lugar del otro. Entender, como decían las abuelitas, que "cada cabeza es un mundo". En un planeta cada vez más diverso —en Estados Unidos, por ejemplo, todos seremos minorías en el 2044—, la única manera de sobrevivir en paz es respetando la diversidad y nuestras diferencias. La globalización, además de las pandemias, nos ha traído algo maravilloso: mezclas. No hay pureza. Todos somos hechos de muchas partes. Yo soy muchos. Y eso nos llena de humanidad a cada individuo».

Bárbara Mori

| *actriz* |

«Falta aprender a vivir a través de nuestros corazones, conectarnos con nuestro ser interior para saber quiénes somos en realidad y cuáles son nuestros más profundos sueños. Tenemos que volvernos seres humanos más conscientes para no lastimar a otros. Para cuidar de nuestro planeta. Para entender que tú eres una parte de mí y que somos parte de un TODO. Para cambiar el mundo, hay que empezar cambiando nosotros mismos y convertirnos en aquello que nos gustaría ver allá afuera».

Jorge Cuevas

| *escritor y conferencista* |

«A algunos nos hace falta aprender una cosa y a otros otra. A los perfeccionistas les falta soltarse a la vida, pero a los valemadristas les falta empatía. A mí me falta aprender a fluir más, a no estresarme por cosas que no son eternas y pues como nada es eterno, me haría falta fluir siempre. Si la pregunta fuera: ¿qué le falta a la humanidad? Pues creo que tolerancia, apertura a las cosmovisiones antagónicas y respeto (y nos falta mucho). Al igual que muchos humanos, a mí me molesta la gente intolerante, pero en el momento que me atrapa ese coraje por la discriminación o la no comprensión, me convierto en un intolerante con el intolerante. Y quedo atrapado en ese mismo nivel de realidad: el de la poca comprensión de las personas que actúan y piensan distinto que yo».

■ ■ ■

«Nos hace falta aprender a escucharnos a nosotros mismos, escuchar a nuestro cuerpo y tener empatía con los demás. Por lo general, vivimos en la rutina y corriendo de un lugar a otro, de una actividad a otra, sin un descanso que sea realmente reparador y útil. No nos damos tiempo de calidad para nosotros. No nos conocemos a nosotros mismos. Vivimos superficialmente».

Ximena Leal | *21 años* | *estudiante*

«No somos Dios. El planeta no nos pertenece, la naturaleza no nos pertenece, la libertad de otros no nos pertenece, los pensamientos y sentimientos de otro no nos pertenece. No somos superpoderosos ni mucho menos, todo lo contrario, somos demasiado vulnerables y en un simple abrir y cerrar de ojos una pandemia mundial puede arrasar con todo lo que conocíamos como nuestro día a día, nos falta humildad y valga la redundancia, a los seres humanos nos falta demasiada humanidad».

Cecilia Gallardo | *24 años* | *comerciante*

«Que vamos de paso. No somos eternos, y mientras estemos aquí: disfrutar, respetar, amar y ser felices».

Karen Molina | *25 años* | *diseñadora gráfica*

«Ser congruentes».

Denisse Mosqueda | *33 años* | *contadora pública*

«Leer más. Educación, educación, educación».

Milena | *30 años* | *emprendedora*

«Tengo una serie de recomendaciones que siempre comparto en mis pláticas: Leer sobre feminismo y aprender lo más posible sobre derechos humanos. Evitar seguir cuentas y personas que sólo perpetúan estereotipos y estándares de belleza que oprimen y van en contra de la diversidad e inclusión. No ser neutral a las causas, cuando somos neutrales nos ponemos del lado del opresor y permitimos que sus discursos sigan permeando. Por ejemplo, no dejes pasar los chistes machistas o racistas, no importa que tan cercana sea esa persona a ti, no hay justificación alguna para hacerlo; ponerle un alto a estas actitudes puede promover que se dejen de propagar los discursos de odio y desequilibrios de poder. Ser empáticos a las causas de las demás personas, no porque no sea tu lucha quiere decir que no es importante o que no te afecta y/o concierne. En algún momento de la vida, tomar un curso o diplomado de habilidades socioemocionales o inteligencia emocional. Para lograr el bienestar subjetivo, necesitamos tener autoconocimiento y autorregulación de nuestras emociones, desarrollar resiliencia y empatía para tener un buen manejo de nuestras relaciones, y posteriormente lograr una toma de decisiones responsables; esto te va a permitir deconstruirte, deconstruir tus privilegios y empezar a construirte desde el amor propio. Cambia tu opinión sobre algo o alguien, haz este ejercicio una vez al año como propósito de año nuevo si quieres y ve observando los beneficios que te va trayendo».

Carola Baez | *34 años* | *fundadora de Cold Press News, investigadora, consultora y activista feminista*

«Que todo lo que queremos y lo que anhelamos está dentro de nosotros, y que cuando queremos un cambio tenemos que buscar dentro».

Valeria Albor | *financiera*

«Nos falta ser mucho más críticos, dejar de comer entera toda la información que nos llega, y cuestionarnos más, sobre todo nuestras acciones cotidianas que a la larga son las que más impacto tienen. Nos falta ser mucho más conscientes del lugar que ocupamos en el mundo. Se nos hace muy fácil ser indiferentes, pero muy difícil ser diferentes. Creo que deberíamos ser más diferentes, y tolerar, y abrazar muy fuerte las diferencias porque la diversidad nos enriquece como especie».

Valentina Marulanda | *22 años* | *estudiante*

«Trabajar en nuestra mente, como trabajamos en nuestros cuerpos, cultivar mentes sanas, normalizar el ir a terapia así como vamos al médico de cabecera».

Giannina Piñeiro | *26 años* | *dentista*

«Primero, estar conscientes de que si no hacemos algo por el mundo (literalmente) no va a haber ningún lugar habitable para las próximas generaciones. Y segundo, aprender a respetar a las personas y entender que no somos colores de piel, sexualidad o género: somos personas».

Anónima | *21 años* | *estudiante*

«Hablarle a los demás con la verdad. Informar a nuestros hijos con la verdad siempre. Pero sobre todo, dejarlos ser ellos mismos».

Karla de León | *27 años* | *diseñadora*

«Dejar de oír y comenzar a escuchar, dejar de competir y comenzar a compartir, dejar de juzgar y empezar a empatizar. Pero todo esto desde el corazón».

Medelyn Mendoza | *21 años* | *estudiante*

«Que a pesar de que cada quien está en un viaje distinto, todos necesitamos de los demás. Que si queremos un mejor futuro, tenemos que empezar por crear un mejor presente. Que no nos corresponde juzgar a los demás. Que el amor y la vida son muy simples y sencillos, los complicados somos nosotros. [...] Que casi nada en la vida es personal. Que si no cuidamos el planeta, el futuro que tanto soñamos podría no llegar. Que no hay una sola forma correcta de vivir, cada quien tiene la suya. Que las posibilidades son infinitas. Que el enojo, la tristeza, el dolor y todas las emociones a las que solemos llamar como "negativas" también son normales, pasajeras y cumplen con una misión y enseñanza; por lo que no hay nada que temer. Que no todo en la vida es productividad, cosas y logros. Que el que puede disfrutar de las pequeñas cosas en la vida, es justo el que puede disfrutar todo lo demás de verdad».

Cris | *23 años* | *estudiante*

«Luchar por que los derechos sean derechos y no privilegios».

Pamela Gallardo | *28 años* | *ingeniera*

«Lo que puedes hacer puntualmente hoy es empezar a hacerte muchas preguntas y cuestionarte en dos momentos. Antes de consumir cualquier producto o servicio: ¿de dónde viene todo lo que consumo?, ¿qué tuvo que pasar para que ese producto llegara a mis manos?, ¿qué ingredientes tiene?, ¿cómo es su proceso?, ¿quién estuvo involucrado y bajo qué condiciones laborales? Una vez que lo consumí: ¿dónde va a terminar el empaque? Si es algo que se va por el drenaje ¿va a contaminar nuestros mares y ríos?, ¿es un material que puedo reciclar, reusar o sólo voy a usar una sola vez?, ¿estoy apoyando una empresa que promueve la igualdad, la sostenibilidad y la justicia?, ¿es un objeto que en realidad necesito? Son más dudas que respuestas, lo sé. Todas nuestras decisiones tienen un impacto sobre la Tierra y cada uno de nosotros tenemos el poder de decidir si ese impacto va a ser mayor o menor».

Melissa Veytia

«Ser humanos más responsables y solidarios con los que menos tienen. Aprender de nuestro privilegio y lo que podemos hacer con él para así acortar la desigualdad tan grande que existe en este mundo. Creo que la forma es participando en muchas organizaciones, unirnos para dejar un mundo más justo a nuestros nietos».

Juan José Frangie | *61 años* | *pápa y servidor público*

«Nos hace falta valorar lo intangible, ver lo que no es evidente a simple vista. Es difícil porque requiere de cierto análisis y visión profunda, pero es posible. Debemos aprender a ser felices con lo que tenemos y no enfocarnos siempre en lo que nos falta. Esto tiene un impacto importante en nuestro planeta de recursos limitados. Está bien luchar por lo que queremos en la vida, sólo que nunca debemos perder de vista lo que ya hemos logrado, y ser agradecidos por ello. Esto nos da una paz inmensa».

Moris Dieck | *28 años* | *coach financiero*

«Que estamos conectad@s. Entender que nuestros destino como colectividad se entrelaza aunque nuestras cotidianidades no se toquen. Tener presente que son los puñados de locos infinitos los que han cambiado el mundo y que como decía Julio Cortázar "no cualquiera se vuelve loco, esas cosas hay que merecerlas". Y, ¿qué hacemos? Empezar por verdaderamente creer que el único camino es más derechos para más personas y que clasificarnos en "superiores e inferiores" ha traído ya bastante dolor y desastre en la historia humana; comprender que tenemos que eliminar nuestras violencias (las del dicho y las del hecho) y que un ser humano equilibrado es el que es consciente de sí mismo, de su comunidad, del entorno. Después, marchar las calles, llenar las aulas, imaginar futuros alternativos, escribir canciones y trabajar de manera consciente, necesaria y urgente hacia los máximos que podemos lograr... partir de los mínimos es dejarse derrotar antes de empezar».

Tzinti Ramírez | *34 años* | *internacionalista con México clavado en el corazón*

«Elegir sabiamente. Tomar buenas decisiones y una de las mejores formas de hacer esto es elegir a tus gobernantes de la manera más inteligente. Elegir a gobernantes pro derechos humanos, gobernantes ambientalistas con un gran sentido de responsabilidad social. Ser consecuente con tus acciones, luchar por lo que crees, aportar a la lucha social que te mueve las entrañas».

Ingrid Bonilla Q. | *22 años* | *estudiante*

«Todo y nada. Todo, si estamos dormidos y sin conciencia. Nos hace falta saber qué significa en verdad ser humanos, despertar, recordar, hacernos seres conscientes, siendo uno solo en el amor para disfrutar de éste y de todo lo que tenemos a manos llenas. Disfrutar el recorrido único de posibilidades, para ser hoy simplemente quien eres. No te hace falta nada, todo ya está en ti, sólo hay que experimentarlo, usarlo, creerlo, sólo ¡vívelo! Hay toda una historia de vida en mis 61 años, en la que avalo por experiencia cada una de las palabras que aquí describo [...] Bendita locura la que crea una vida entera en el amor que ya no se busca, que se sabe y se disfruta, en crecimiento y conquista constante, bendita locura de la muerte, que me llevó a preguntarme cuál era el verdadero significado de estar vivos».

María Gordoa | *61 años* | *tanatóloga*

«A hablarnos a nosotros mismos con la verdad. A cuestionarnos lo que está enfrente de nosotros y no cuadra. A hacer equipo con los demás. A ser más simples, más amables y generosos. A ser congruentes. Pero sobre todo nos hace falta aprender a amarnos por encima de todo, y desaprender esa idea tonta que ser nuestra prioridad es egoísmo».

Ani Navarro | *43 años* | *terapeuta*

«Mostrar nuestra luz al mundo, independientemente de cuál sea. Porque con una antorcha prendida prendes otra, y lo que era una cueva de oscuridad se convirtió en un refugio, y después en una civilización».

OliverInLittle | *19 años* | *estudiante*

¿Qué nos falta aprender y qué podemos hacer para dejar un mejor mundo?

Este libro no está completo sin tu respuesta.

¿Qué harías diferente
si pudieras regresar
el tiempo?

• ¿De qué te arrepientes? • ¿A quiénes dejarías ir? • ¿Sientes culpa? • ¿Qué haces para que tu futuro no sea como tu pasado? • ¿Para qué quisieras regresar el tiempo? • ¿A qué le pusiste atención que ahora no tiene importancia? • ¿Ya hiciste las paces con tu pasado? • ¿En qué dejarías de insistir? • ¿Existe el tiempo perdido? • ¿A quién sí te atreverías a besar esta vez? •

• ¿Cuáles serían tus últimas palabras al despedirte? • ¿Ahora puedes ver que incluso cuando perdiste también ganaste? • ¿Qué has aprendido con el paso del tiempo que no sabías antes? • • ¿Dejaste de querer cambiar partes de ti? • ¿Qué te enseñaron tus errores? • • ¿Ya te diste cuenta de que puedes empezar desde cero y reinventarte cuantas veces quieras sin necesidad de regresar el tiempo? •

ASHLEY:

Una parte de mí quisiera escribir que nada, quisiera decir que he hecho las paces con mi pasado de tal manera que cambiarlo me parecería irresponsable, pero no es así. Si cambiara algo, sería el silencio.

Escogería todas las veces que callé y, en cambio, decidiría hablar. Aprendería a expresar mis sentimientos, a decir mis palabras y, sobre todo, a preguntar todas las dudas que tenía. Mucho del dolor que he sentido se resume en esto: en creer que mis palabras no tienen el peso que realmente tienen. Entender que el viento no se las lleva, que las palabras se trenzan en la realidad que vivimos.

Es que yo me he callado tantas cosas que vi, tantas que sentí, que deduje. Desde niña jamás hice ciertas preguntas que tenía para mis papás y salieron llenas de fuego años más tarde. Jamás pregunté de mis orígenes y de dónde veníamos, para no incomodar. Siempre de puntitas con la voz. Hubiera preguntado por las dinámicas familiares que eran tan diferentes a las de mis amigas, a lo mejor mi infancia hubiera sido más tranquila y mi adolescencia menos turbulenta. Les hubiera preguntado a mis abuelos muchas cosas que hicieron y no entendí. Hubiera hablado más con mis hermanos después del divorcio de nuestros padres y les preguntaría si ellos también sentían que se les caía el mundo. Dejaría de escribir tanto como lo hice desde que aprendí y hablaría más. Aprendería a leer mis sentimientos, no sólo a escribirlos y dejarlos por ahí en un pedazo de papel.

Este silencio creció en mí como enredadera, y años después hizo que él, no supiera que yo me estaba yendo; que me escurría de su cama cada vez más. Que durante meses el insomnio no tenía otro nombre que la fecha final de nuestro amor. Y eso no sólo me partió el corazón en dos, sino que nos pudrió. Porque el silencio lo pudre casi todo. Entonces si hubiera murmurado mis palabras, si hubiera sido más valiente y más fiel a mi sentir, él no hubiera sufrido y yo, yo no andaría tantos años con la garganta hecha nudos.

Hablaría mucho más, sobre todo antes de que llegara ese *room service*. Le diría que no podía dejar de pensar en él desde aquel día en esa esquina de Brooklyn. Le diría después de esos mezcales que mi corazón se me estaba saliendo por los ojos nomás de verlo caminar. Que quería dejar la cama que compartía con alguien más, para estar sólo con él. Que quería hacer mañanas juntos. Le diría en ese cuarto de hotel, el que mira hacia las flores, que tratáramos. Que su pelo es de los únicos que puedo tocar y eso para mí ya era señal suficiente.

El silencio me ha aislado de tantas cosas, de tantas oportunidades, pero en especial de ser parte de mi vida. La vida que yo construyo y en la que yo decido. Quisiera regresar el tiempo para decirme que mis preguntas sí importaban, que siempre había alguien escuchándome. Que el silencio no trae nada bueno a menos que sea cómodo, de esos que se dan en un *roadtrip* hacia el norte. El resto del silencio de mi vida han sido días nublados, ha sido lluvia. Entonces en la utópica posibilidad de regresar el tiempo, haría eso. Hablaría. Pronunciaría todos los «me gustas», los «te amo», «¿me das un beso», «ya me quiero ir», «me quiero quedar», «me duele», «ayúdame», «qué está pasando», «a dónde vamos». Gritaría desde el balcón de Villa Palmas, en el que fui adolescente, que me parecía una injusticia lo que pasaba. Les susurraría a todos mis amigos que necesitaba ayuda para despertarme. Le dejaría de mentir a Carlos, mi psicólogo, y sobre todo diría quién soy, porque cómo me ha costado trabajo pronunciar quien soy.

LETY:

El «hubiera» me ha acompañado siempre. Tiendo a la nostalgia. Me es fácil imaginar posibles escenarios, andar por ahí remando un rato. Cada elección me pesa. Me lleno de deseos, de «tal vez», de «quizá», de posibilidades, de mundos utópicos que nunca habito. ¿Que si me hubiera ido con lo que me decía el corazón? ¿Que si hubiera sido un poco más racional, esperado un segundo y pensado mejor las cosas? ¿Que si le hubiera hecho caso a mi mamá? ¿Sabes cuántos *hubiera* le he lanzado al universo sin una sola respuesta? En alguna parte del mundo —no me acuerdo en cuál— el *hubiera* no existe, no conocen esa forma de conjugar el verbo. Para ellos lo que es, *es*. Lo que fue, *fue*. Pero en esta cabecita eso no pasa. Tiendo a explorarlo TODO. Vivo de hacer preguntas, a eso me dedico. Y dice mi terapeuta que como es afuera es adentro, entonces si he cuestionado cosas en esta vida, ahora imaginen cómo me cuestiono a mí misma. Cada decisión es un eneagrama. El mapa mental empieza y entonces a buscar respuestas.

Y no, no te voy a venir a contar que no cambiaría las cosas. No soy de esa creencia que castiga la duda que acompaña a nuestras decisiones. Evidentemente he aprendido y cada cicatriz me enseñó algo, pero eso no quita que haría cosas distintas si tuviera la oportunidad. Honestamente no había necesidad de ser tan ruda conmigo misma durante tantos años, no tenía que juzgarme, compararme, ni ponerme estándares imposibles de alcanzar. Le daría más calma a todo lo que hago. A veces quiero correr con esta prisa que me quema aquí adentro, esta prisa por crecer, por ir, por llegar. ¿A dónde? Nunca lo he sabido. Lo que sí sé, es que eso me impide estar en donde y con quien estoy a cada momento. ¿Sabes qué también soltaría y no dejaría que se vuelva parte de mí? La culpa. No me ha enseñado nada y me ha limitado a vivir, a sentir y sobre todo a conectar conmigo. También dejaría de querer cambiarme, me abrazaría desde el principio y confiaría más en mí, en mi intuición y en mi cuerpo, que de alguna forma me va enseñando que siempre tiene la respuesta. Y pues sí, por qué negarlo. Abrazaría más, besaría más, bailaría más, diría que sí más seguido, haría el amor más veces, hablaría las cosas como son y como soy en ese momento. Me quitaría esta idea que tengo en la cabeza de que algo se puede guardar para después. No hay después, hay cosas que sólo se pueden decir en un momento y en un lugar.

Y bueno, no sé, leo todo lo que escribo ahora y me preguntó: si ya me di cuenta de todo lo que haría diferente si pudiera regresar el tiempo, ¿por qué no hago esas cosas ahora? Y entonces me acuerdo de que la vida la tenemos para vivirla y ya. Que si quiero dejar de vivir en el «hubiera» el único remedio es hacer lo que mi corazón quiere hacer en ese momento y dejar de escuchar el ruido de afuera. Ojalá pueda vivir así de valiente el tiempo que me quede aquí. La abuela de Andy una vez le dijo: «jamás me he arrepentido de una sola de las cosas que hice, pero vivo llena de remordimientos por todo lo que no hice».

■ ■ ■

Laura Restrepo

| *escritora* |

«El pasado es una torre de naipes, si intentara remover ciertas cartas de recordación ingrata, se me vendría abajo todo el andamiaje, destruyendo los incontables ratos de felicidad y a todas las personas, animales, historias, libros, lugares, cosas y sucesos maravillosos que me han sido dados a manos llenas. No, yo no querría echar el tiempo atrás. Definitivamente no, esa varita mágica no la deseo. Pero si en cambio tuviera, pongamos por caso, una tecla que me permitiera hacer modificaciones muy puntuales sin alterar el resto, borraría la muerte de mis seres adorados. Supongo que de alguna manera ya lo hice, la tecla ya la apreté, y gracias a eso me rodea la dulcísima compañía de su vivo recuerdo».

■ ■ ■

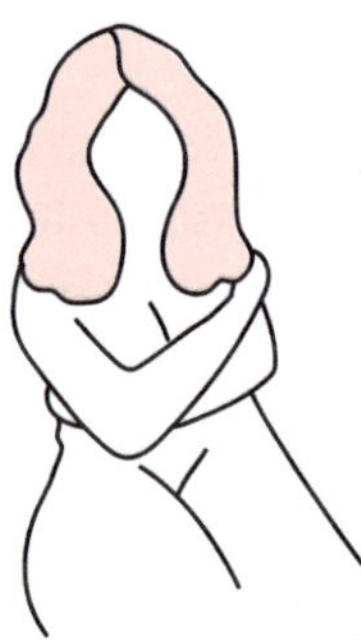

«Soy una mujer muy grande, soy una mujer gorda, y durante mucho tiempo tuve miedo de ser vista. Entonces siempre me limité de bailar, usar traje de baño, usar faldas y blusas sin mangas; aprendí a caminar encorvada y a pedir disculpas prácticamente por todo; aprendí a ser la más amable y tierna posible; aprendí a no decir lo que siento y a quedarme callada, porque crecí escuchando a mi mamá decir que "las gordas no pueden ser felices" y me la creí. Así que, definitivamente, regresaría a mis 10 años y me diría: "Baila, Gaby, canta, salta, grita, maldice, escápate, despéinate, corre, aprende a andar en bici. No tengas miedo, sólo serán algunos raspones. Ensúciate. Usa faldas. Ponte traje de baño y disfruta del mar».

Gabriela Lemus | *30 años* | *maestra*

«Aceptar mi físico. Me hice una cirugía de la que me arrepiento muchísimo».

Ileana LionHeart | *31 años* | *trabajadora independiente*

«Nada. ¡Hice lo mejor que pude con lo que tuve en ese momento! Una forma de respetarme es entendiendo que tal y como sucedieron las cosas era como tenían que haber sucedido para mi crecimiento y aprendizaje. Y está bien cometer errores, no somos perfectos. Y justo se trata de qué podemos aprender de esos errores».

Yareth Alvirde | *25 años* | *psicoterapeuta*

«Cortaría mi última relación desde la primera falta de respeto».

Iris Estrella | *20 años* | *estudiante*

«Si pudiera regresar el tiempo, me casaría un poco más grande, con Jaime otra vez, pero años después. A veces siento que me faltó vivir sin tanta responsabilidad. No estaría tan al pendiente de los demás y pensaría más bien en mí, me enfocaría en quién quiero ser. No me preocuparía tanto por el que dirán, porque ya aprendí que eso no importa. Importa más ser mejor persona y actuar conforme a mis principios».

Leticia Acedo | *57 años* | *publirrelacionista y mamá*

«¡Hablar y decir mis sentimientos! Hubiera preferido mil veces decirle a alguien que me gustaba y que me bateara a no decir nada y quedarme con la duda de qué sentía esa persona».

Sofía Briones

«Conocerme más a mí misma antes de tener hijos».

Alia del Rincón | *ama de casa*

«Le diría a mi yo del pasado que no fuera tan dura consigo misma, que de por sí la gente lo será a lo largo de la vida. No necesitamos agregarnos a nuestra propia lista de enemigos».

Dany Aguilar | *21 años* | *estudiante*

«Si pudiera regresar el tiempo haría las cosas que me dieron miedo. Escalaría esa montaña, patinaría sobre hielo, me subiría en la bici, iría a comer sola, le hablaría a la persona que me gusta, escribiría esas historias que siempre pensé escribir pero nunca lo hice, compartiría lo que sé con otros, levantaría la mano en clases, haría todo a pesar del miedo. Sacaría del cajón todas esas ideas que tuve y no puse en práctica por pensar que no soy suficiente, dejaría de pensar en "¿Y si fallo?", estaría dispuesta a fallar a lo grande, porque ahora sé que fallamos para aprender y finalmente triunfar. Que fallar es inevitable cuando queremos crecer y mejorar».

Eliana Guariguata | *26 años* | *creadora de contenido*

«Discutiría menos con la persona que amo, disfrutaría más los pequeños momentos con él, lo abrazaría mucho más fuerte, lo besaría con más pasión y le recordaría un millón de veces más cuánto lo amo».

María José Rodríguez | *20 años* | *estudiante*

«Entender que puedo cometer un error, pero que éste no me define, que hice lo mejor que pude y que la vida sigue».

Ximena Guzmán | *27 años* | *arquitecta*

«Despedirme de esa persona a la que nunca le pude decir adiós».

Gabriela Herrera | *20 años* | *estudiante*

«Hubiera escrito en una hoja los consejos de mi mamá, le hubiera tomado fotos, la hubiera abrazado más, le preguntaría si ella me amaría siempre. Escribo esto con los ojos llenos de lágrimas. Simplemente la hubiera abrazado mucho más».

Cinthya Isabel Minor Aguilar | *24 años* | *nutrióloga*

«Irme antes de todos los lugares en donde la forma de querer me lastimó».

Dulce Camargo | *24 años* | *abogada*

«No dejar de lado algunas cosas que son mi pasión como bailar y patinar sobre hielo. Viviría mi infancia estando presente en el momento y dejaría de querer crecer tan rápido. Viviría sin resentimiento hacia mi padre después de haberse divorciado de mi madre. Me hubiera permitido cometer más errores en lugar de arrepentimientos».

Viri Maldonado | *32 años* | *publirrelacionista*

«No tratar de sanar a las personas, ése no es mi trabajo».

Andrea | *18 años* | *estudiante*

«No me hubiera casado».

Diana Castillo Campos | *35 años* | *psicóloga*

«Le perdonaría a mi mamá que fuera alcohólica y todas las cosas por las que tuve que pasar debido a su adicción».

Juliana Gómez | *25 años* | *etóloga*

«Nada, soy gracias a lo que fui».

Anónimo

«Vivir una vida menos complicada, sin tantos compromisos sociales y económicos. Haber leído más, meditado más, amado más intensamente. Y sobretodo me hubiera encantado el haber sido capaz de transmitir a mis hijos el no dejarse llevar por los estrechos cánones de una religión, sino por las vibraciones íntimas de un espíritu universal. También tengo vivencias que no cambiaría por nada, pero ésas las dejamos para otra ocasión».

Jaime Sahagún | *70 años* | *adulto contemporáneo*

«No tomaría un rol en mi familia que no es el que me toca, disfrutaría mi vida mucho más y exploraría mi vida sexual desde antes sin sentirme mal por eso».

Anónimo

«No dejar ir a un gran amor».

Carolina L. | *37 años* | *ama de casa*

«Buscaría encontrarlo antes o después y poder tener una oportunidad real de estar juntos».

Anónimo

«Dejaría de tomar decisiones buscando ser amada a cualquier costo».

Dennise Macías | *24 años* | *auxiliar de exportaciones*

«Lo que más me gustaría es recuperar y cultivar el hábito en mí misma de ser yo en todo momento».

Daniela Valerín | *22 años* | *estudiante*

«Muchas cosas. Tener una actitud menos enojada en la vida; por mucho tiempo sentí que la vida me había elegido para pasarla mal siempre, para crecer en un mal entorno, de violencia intrafamiliar, *bullying*. Me la pasaba victimizándome, desperdicié muchas buenas oportunidades por estar deprimida, quejándome de lo que me tocaba vivir».

Mishell Solís Hurtado | *24 años* | *médico*

«Cerrar ciclos y luchar con más fuerza para poner límites».

Susana Olvera | *maquilladora*

«Pondría toda esa energía que puse en retener a otras personas y situaciones, en aceptarme a mí».

Vanessa Aristizábal | *31 años* | *comunicadora*

«Escuchar mi corazón, mi intuición, mis deseos, estar más conectada conmigo misma».

Claudia Ríos Hernández | *31 años* | *profesionista*

«Trabajaría en mi amor propio en lugar de buscar aprobación allá afuera. Buscaría ser más yo en lugar de moldearme para encajar en una caja que tenían para mí».

Mayte | *24 años* | *buscando mi camino*

«No hubiera sido tan responsable. Me explico: mis papás me soltaron demasiado pequeña, desde los 9 o 10 años. Las consecuencias de todas mis acciones recaían directamente sobre mí, por lo que a muy temprana edad tuve que volverme responsable. Me quedé con ganas de hacer unas cuantas locuras, me brinqué varias etapas y me convertí en una niña adulta que pensaba en todas las consecuencias antes de tomar una decisión. No me tomaría la vida tan en serio».

Anónimo | *23 años* | *Gestión Turística*

«Salir del clóset en la adolescencia, para aceptarme y amarme como lo hago ahora».

Valeria Monge | *28 años* | *técnico en Telemática*

«Una pregunta tan difícil. Disfruto vivir en el ahora y estar presente. Solía vivir siempre en el pasado y me costó mucho trabajo dejarlo ir. Soy hija de inmigrantes, orgullosa de ser del sur de Chicago, cuyas calles se llevaron a muchos de mis seres queridos con deportaciones, armas, drogas y fronteras. No sé si quisiera nacer de nuevo en esas circunstancias, pero luego me pregunto quién sería ahora. Maya Angelou dice "Haz lo mejor que puedas hasta que sepas más. Cuando sepas más, hazlo mejor". Volver a nacer sabiendo lo que sé ahora, me alejaría de la magia de poder hacer las cosas mejor conforme voy aprendiendo. Pero si pudiera traer algo a este mundo, sería saber más rápido que puedo confiar en que estoy protegida por una divinidad. No tenerle miedo a la espiritualidad y creer que aun dentro del caos y la violencia, muchas cosas pueden estar bien. Cuando confías en la vida te das cuenta de que ésta siempre ha estado de tu lado».

Alejandra Avina | *27 años*

¿Qué harías diferente si pudieras regresar el tiempo?

Este libro no está completo sin tu respuesta.

Agradecimientos

Nosotras somos de quienes caminan a nuestro lado. De los que hemos podido tocar, besar, amar, perdonar, bailar, llorar y acompañar. De los que nos enseñan todos los días, de los que confiaron cuando ni nosotras mismas podíamos ver el camino que se abría. Somos de las que construyen con nosotras este proyecto, de nuestros equipos, y sobre todo de nuestra comunidad. ¿Qué sería de nosotras sin ustedes compartiendo el podcast cada semana? ¿Qué hubiera sido si no hubiéramos encontrado este espacio para compartir?

Gracias a las millones de personas que abrazan a Se Regalan Dudas como si fuera suyo, a los que nos cuentan sus historias, que nos regalan más dudas de las dudas. A los que han entendido que aquí no estamos solos, que somos árboles del mismo bosque, ríos siempre buscando al mar, acompañados de los brazos que nos arropan y de los oídos que nos escuchan. Gracias, ustedes han cumplido nuestros sueños y nos han cambiado la vida. Este libro también es suyo.

Gracias a nuestro equipo, a las que trabajan con tanto amor para que nuestros proyectos crezcan. A Pau: amiga, socia y confidente, gracias por creer en nosotras cada mañana igual que el primer día y por todas las risas. Gracias a Spotify y a Javi Piñol por las oportunidades y a nuestra agencia United Talent Agency. A Eloísa, nuestra editora, y a todo el equipo de Penguin Random House México que creyó en que nuestra comunidad merecía este libro que con tanto amor hicimos. A Fer Ibarra, gracias por acompañarnos siempre, por ser el mejor plan que existe y por no dejarnos solas; eres nuestro mejor tercio, la distancia no significa nada en nuestra amistad. Sof, pastora nuestra, gracias por siempre tener la paciencia para ayudarnos a crecer, por tu amistad y las risas.

Y finalmente a nuestra gente que amamos tanto, a la que nos guía todos los días y que inspiró muchas de estas respuestas. A ustedes que nos esperan al volver a casa. Gracias por amarnos así de lindo, así de constante, así siempre. Gracias, mamá, papá, Jaime, Iker, Rodri, Reni, Chelsea, Klauki, Ofe, Ivana, Jerónimo. Gracias, abuelos y titos, por haberse encontrado desde mucho antes que nosotras llegáramos a esta tierra; su amistad fue el principio.

Gracias de corazón a:

A las Marianas, Ana Sof, Bri, Gio, Dani, Bere, Dulce, Dalia, Sofi, Brendita, Jacob, Joe, Lev, Meredith, Ale Reyes, None, Nicole, Sofía, Ale Marino, Pau, Jos, Rafas, Thiago, María, Ren, Martita, mis primas, tías y familia albóndiga completa. Javi, Chulito, Renato, Romi, Ale, Raúl, Gabo, Tim, Ro, Jorge, Uriel, Vane, Bárbara, Cherio, Bobi, Mani, Gallo, Raúl y Natalia, Tyler, Kelle, Michelle, Ghassan, Patricio, Rodri, Greñitas, Paloma y Martiux, Demi, Augusta, Gui, F/11, Matt, Lore, Pía, Karla, La Roja, Zule, Las Prinjejuas, a todos los Frangie, Gabo Carillo, Gaby Huerta, Carlos, Ani Navarro, Gerardo, Juan Lucas, Zazil, Maye y a todos nuestros guías, *coaches*, terapeutas, invitadas y psicólogos que nos han ayudado a ser una mejor versión de quienes somos.

Gracias al universo por escogernos para hacer Se Regalan Dudas, es el honor de nuestras vidas.

Lety Sahagún y **Ashley Frangie** son dos mujeres mexicanas que nacieron a finales de la década del 80. Mejores amigas desde la adolescencia, una decidió dedicarse a contar historias a través de la televisión y otra con la fotografía. Juntas crearon el podcast Se Regalan Dudas, uno de los más exitosos en todo el mundo de habla hispana. Son cofundadoras de Dudas Media, una productora enfocada en proyectos que buscan abrir espacios seguros para crear una sociedad más consciente, despierta y presente.

Se Regalan Dudas nace de la infinita necesidad de cuestionar todo lo que está a nuestro alrededor. Fue creado para hablar de temas que se mueven en nuestras sociedades como epidemias silenciosas. Para entablar conversaciones que son incómodas, pero necesarias en torno al crecimiento personal y social. Es también un espacio abierto, libre y seguro donde millones han encontrado una comunidad.

Esta obra se terminó de imprimir
en el mes de agosto de 2025,
en los talleres de Impresora y Editora Infagon, S.A. de C.V.,
Ciudad de México.